U0925268

全国“七五”普法统编系列教材

“七五”普法

农民法律知识读本

顾昂然◎主编

（漫画案例版）

图书在版编目（CIP）数据

“七五”普法：农民法律知识读本（漫画案例版）/顾昂然主编. -- 北京：中国言实出版社，2016.10

ISBN 978-7-5171-2026-1

Ⅰ. ①七… Ⅱ. ①顾… Ⅲ. ①法律－基本知识－中国 Ⅳ. ①D920.4

中国版本图书馆CIP数据核字(2016)第251254号

责任编辑：周汉飞
封面设计：杨　光

出版发行　中国言实出版社

地　址：北京市朝阳区北苑路 180 号加利大厦 5 号楼 105 室
邮　编：100101
编辑部：北京市海淀区北太平庄路甲 1 号
邮　编：100088
电　话：64924853（总编室）　64924716（发行部）
网　址：www.zgyscbs.cn
E-mail：zgyscbs@263.net

经　　销　新华书店
印　　刷　北京永顺兴望印刷厂
版　　次　2016 年 10 月第 1 版　　2016 年 10 月第 1 次印刷
规　　格　880 毫米 ×1230 毫米　　1/32　　5.5 印张
字　　数　150 千字
定　　价　20.00 元　　ISBN 978-7-5171-2026-1

前言

《中央宣传部、司法部关于在公民中开展法治宣传教育的第七个五年规划（2016—2020年）》指出，全民普法和守法是依法治国的长期基础性工作。在目前，农村人口仍是中国人口主体这一事实并未改变，农民仍然是普法工作的重点对象。要通过深入开展法治宣传教育，传播法律知识，弘扬法治精神，建设法治文化，充分发挥法治宣传教育在全面依法治国中的基础作用，推动全社会树立法治意识，引导农民依法参与村民自治和其他社会管理活动，提高他们参与民主选举、民主决策、民主管理、民主监督的能力。规划还指出法治宣传教育的重点对象是领导干部。坚持把领导干部带头学法、模范守法作为树立法治意识的关键。需要继续加强农村“两委”干部法制培训，提高他们运用法律手段管理基层事务、防范和处理矛盾的能力。同时“七五”普法更加强调了坚持法治宣传教育与法治实践相结合。要深入推进基层组织和部门、开展民主法治示范村等创建活动，积极推行村法律顾问、法治副主任等制度，提高基层治理法治化水平。只有让法律进乡村切实落到实处，才会使农民厉行法治的积极性和主动性明显提高，最终形成守法光荣、违法可耻的社会氛围。

《“七五”普法：农民法律知识读本（漫画案例版）》以问答配漫画的形式，选取了农民日常生活中经常遇到的法律问题和法律纠纷，用形象、生动、浅显的语言进行了逐一解答，内容深入全面，包括有公民的基本权利与义务、村民自治、农业土地管理、农业生产经营、农村经济组织、婚姻家庭与继承、农村环境与资源保护、农民进城务工、农民维权、农村医疗卫生、农民权益保障、农村治安防控、刑事犯罪认知、农村常见纠纷和安全常识15个方面，基本涵盖了农民日常生活中经常遇到的法律问题。本书既解决了农民遇到法律纠纷不知如何处理的实际困难，又宣传和普及了与农村生活密切相关的法律、法规和政策；既是农民实用的法律工具书，又是“七五”普法期间农民学习法律知识的好教材。

本书由全国人民代表大会常务委员会法制工作委员会原主任顾昂然同志担任主编，北京大学、清华大学、中国人民大学、中国政法大学等高校以及全国部分省长期从事司法教育的专家、教授参与编写。在此，对以上参编人员付出的智慧和心血表示由衷的感谢。

书中不足之处，敬请批评指正。

编　者

目录
CONTENTS

第一章　公民的基本权利与义务

第二章　村民自治

第四章 农业生产经营

第五章 农村经济组织

第六章　婚姻家庭与继承

第九章　农民维权

第十章　农村医疗卫生

第十一章　农民权益保障

第十二章　农村治安防控

第十三章　刑事犯罪的认知

第十四章　农村常见纠纷

第十五章　安全常识

第一章　公民的基本权利与义务

1. 什么是公民？

凡具有中华人民共和国国籍的人都是中华人民共和国公民。中华人民共和国公民在法律面前一律平等。

2. 我国公民有哪些基本政治自由权？

公民的基本权利是我们作为公民最基本和最主要的权利，由宪法这个根本大法对我们的基本权利予以规定。我国宪法规定了公民的以下几种基本权利：选举权和被选举权，言论、出版、集会、结社、游行、示威的自由，监督权。

（1）选举权和被选举权：《宪法》第 34 条规定，年满 18 周岁的公民都有选举权和被选举权；但是依照法律被剥夺政治权利的人除外。

（2）言论、出版、集会、结社、游行、示威的自由：《宪法》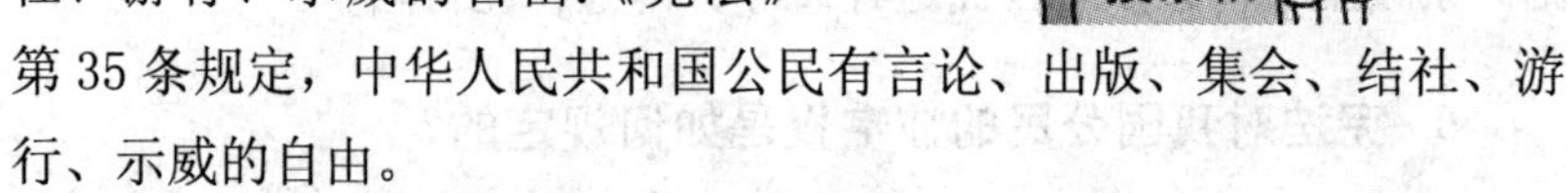第 35 条规定，中华人民共和国公民有言论、出版、集会、结社、游行、示威的自由。

（3）监督权：《宪法》第 41 条规定，中华人民共和国公民对于任何国家机关和国家工作人员，有提出批评和建议的权利等。

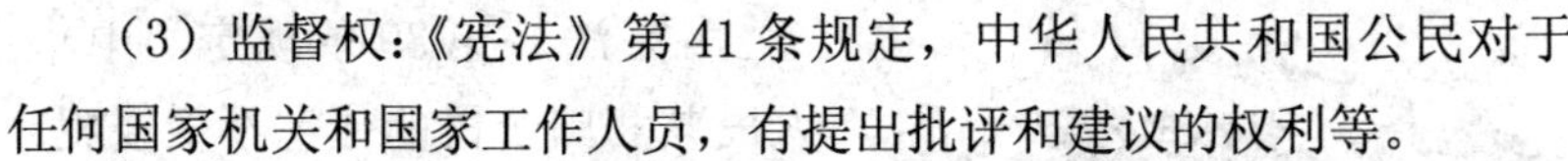

在这些政治权利中，作为农民群体特别要关注第（1）点。首先农民群体是一个庞大的群体，是中国人口构成中的主要群体。但是

同时由于农民群体长期在农村生活，普遍受教育的程度偏低，普法往往未到达基层，难以为该群体所悉知。但是作为中国人口的主要组成部分，他们在政治上必须要有自己的发言人。因此了解并切实履行选举权和被选举权，这个政治权利中的最基本的权利，有利于发挥农民的政治创造性，更好地表达该群体的意见和需求，让中国基层社会的治理更加合理健康地发展。

3. 宪法对我国公民的宗教信仰自由权是如何规定的？

《宪法》第36条规定，中华人民共和国公民有宗教信仰自由。任何国家机关、社会团体和个人不得强制公民信仰宗教或者不信仰宗教，不得歧视信仰宗教的公民或不信宗教的公民。国家保护正常的宗教活动。任何人不得利用宗教进行破坏社会秩序、损害公民身体健康、妨碍国家教育制度。

4. 宪法对我国公民的人身自由权、人格尊严权是如何规定的？

《宪法》第37条规定，中华人民共和国公民的人身自由不受侵犯。任何公民，非经人民检察院批准或者决定或者人民法院决定，并由公安部机关执行，不受逮捕。禁止非法拘禁和以其他方法非法剥夺或者限制公民的人身自由，禁止非法搜查公民的身体。

《宪法》第38条规定，中华人民共和国公民的人格尊严不受侵犯。禁止用任何方法对公民进行侮辱、诽谤和诬告陷害。

5. 宪法对我国公民的住宅权是如何规定的？

《宪法》第39条规定，中华人民共和国公民的住宅不受侵犯。禁止非法搜查或者非法侵入公民的住宅。

6. 宪法对我国公民的通信自由和秘密权是如何规定的？

《宪法》第 40 条规定，中华人民共和国公民的通信自由和通信秘密受法律的保护。除因国家安全或者追查刑事犯罪的需要，由公安部机关或者检察机关依照法律规定的程序对通信进行检查外，任何组织或者个人不得以任何理由侵犯公民的通信自由和通信秘密。

7. 宪法对我国公民的劳动权是如何规定的？

《宪法》第 42 条规定，中华人民共和国公民有劳动的权利和义务。国家通过各种途径，创造劳动就业条件，加强劳动保护，改善劳动条件，并在发展生产的基础上，提高劳动报酬和福利待遇。

8. 宪法对弱者获得救济的权利是如何规定的？

《宪法》第 45 条规定，中华人民共和国公民在年老、疾病或者丧失劳动能力的情况下，有从国家和社会获得物质帮助的权利。国家发展为公民享受这些权利所需要的社会保险、社会救济和医疗事业。国家和社会保障残废军人的生活，抚恤烈士家属，优待军人家属。国家和社会帮助安排盲、聋、哑和其他有残疾的公民的劳动、生活和教育。

9. 宪法对我国公民受教育的权利和义务是如何规定的？

《宪法》第 46 条规定，中华人民共和国公民有受教育的权利和义务。国家培养青年、少年、儿童在品德、智力、体质等方面全面发展。

★以案释法

教师不得侵犯学生的权益

【案情介绍】某中学初二（1）班学生薛某，因平时学习成绩不太好，上课总是不遵守纪律，老师们都不太喜欢他，尤其是语文老师。这天，语文讨论课上，老师让同学们自由发言进行争论。薛某起身回答问题时，由于他的观点与老师的观点不一致，因此老师很不高兴，并用刻薄的语言训斥薛某，说他“笨得像猪”。薛某听了以后很不服气，就顶了老师一句，说：“你才像呢。”老师一气之下就把薛某赶出了教室罚站，并说：“既然我像猪，以后你就不要再来上我的课了！”

【案例评析】这是一起在中小学中广泛存在的教师侵犯学生权益的案件。案例中的语文老师将学生赶出教室是剥夺学生受教育权的行为。《教育法》第42条第1款规定，学生有“参加教育、教学安排的各种活动，使用教育教学设施、设备、图书资料”的权利，课堂教学是教育教学的主要活动，教师将学生赶出教室侵犯了学生的受教育权，是违反教育法的行为。另外，语文老师让学生在教室门口罚站，说他“笨得像猪”，这既是对学生的一种变相体罚，又侮辱了学生的人格尊严，违反了《教师法》第8条第4款关于教师义务的规定，即“关心爱护全体学生，尊重学生人格，促进学生在品德、智力、体质等方面全面发展”；同时也违反了《未成年人保护法》第21条的规定，即“学校、幼儿园、托儿所的教职员工应当尊重未成年人的人格尊严，不得对未成年人实施体罚、变相体罚或者其他侮辱人格尊严的行为”；还违反了《义务教育法实施细则》第22条第2款的规定，即“学校和教师不得对学生实施体罚、变相体罚或者其他侮辱人格尊严的行为”。语文老师应该向学生薛某道歉，并及时改正自己的行为。

10. 宪法对我国公民的文化活动权是如何规定的？

《宪法》第47条规定，中华人民共和国公民有进行科学研究、文学艺术创作和其他文化活动的自由。国家对于从事教育、科学、技术、文学、艺术和其他文化事业的公民的有益于人民的创造性工作，给予鼓励和帮助。

11. 宪法对我国妇女的平等权是如何规定的？

《宪法》第 48 条规定，中华人民共和国妇女在政治的、经济的、文化的、社会的和家庭的生活等各方面享有同男子平等的权利。国家保护妇女的权利和利益，实行男女同工同酬，培养和选拔妇女干部。

12. 我国公民有哪些基本义务？

公民在享有宪法和法律的权利的同时，必须履行宪法和法律规定的义务。主要有：

（1）公民有维护国家统一和民族团结的义务。《宪法》第 52 条规定，中华人民共和国公民有维护国家统一和全国各民族团结的义务。

（2）公民有遵纪守法的义务。《宪法》第 53 条规定，中华人民共和国公民必须遵守宪法和法律、保守国家秘密，爱护公共财物，遵守劳动纪律，遵守公共秩序，尊重社会公德。

（3）公民有维护祖国的安全、荣誉和利益的义务。《宪法》第 54 条规定，中华人民共和国公民有维护祖国的安全、荣誉和利益的义务，不得有危害祖国的安全、荣誉和利益的行为。

（4）公民有保卫国家的义务。《宪法》第 55 条规定，保卫祖国、抵抗侵略是中华人民共和国每一个公民的神圣职责。依照法律服兵役和参加民兵组织是中华人民共和国公民的光荣义务。

（5）公民有纳税的义务。《宪法》第 56 条规定，中华人民共和国公民有依照法律纳税的义务。

（6）公民有抚养、赡养及计划生育义务。《宪法》第 49 条规定，夫妻双方有实行计划生育的义务。父母有抚养教育未成年子女的义务，成年子女有赡养扶助父母的义务。

除此以外公民还应尽其他宪法和法律规定的义务。

★以案释法

公民不履行服兵役义务，应如何处罚

【案情简介】某县95后青年李某应征服役后，因怕苦怕累、不愿受部队纪律约束，以种种理由逃避训练，最终由部队按相关规定作出退兵处理。

2015年11月4日，当地县人民政府新闻办公室发布公告称，依据《兵役法》等相关规定，对李某作出114692元罚款、开除团籍、全县政府企事业单位禁止招聘李某，并在2年内不得升学、出国（境），3年内不得经商、贷款，不得被私营企业聘用等9项处罚。该处理公告在网上引发热议。

【案例评析】服兵役是宪法和法律规定的公民义务，具有法定强制性义务的本质属性。根据党的十八大确立的科学立法、严格执法、公正司法、全民守法的法治原则，我国地方各级人民政府对拒服兵役的行为依法采取处罚措施，防止拒不履行兵役义务者"从违法行为中获益"，这对整个社会和其他适龄青年将起到良好的教育和警示作用。

同时，服兵役属于高度人身专属权的义务，直接关系到部队的安全与稳定，不宜简单通过肢体强制、武力压服等手段来保证履行，在此情况下，对拒服兵役违法行为采取相应的其他惩治性处罚措施是完全必要的。

该县人民政府依据《兵役法》《征兵工作条例》等法律法规，以及当地地方性法规和政府规章对李某作出行政处罚的决定，是维护国家宪法和法律严肃性和权威性的需要，符合我国兵役法律法规的规定精神。

第二章 村民自治

13. 村民委员会的性质、作用是什么?

村民委员会是村民自我管理、自我教育、自我服务的基层群众性自治组织，实行民主选举、民主决策、民主管理、民主监督。

村民委员会办理本村的公共事务和公益事业，调解民间纠纷，协助维护社会治安，向人民政府反映村民的意见、要求和提出建议。

村民委员会向村民会议、村民代表会议负责并报告工作。

14. 法律对村委会的设立有哪些规定?

《村民委员会组织法》第 3 条规定，村民委员会根据村民居住状况、人口多少，按照便于群众自治，有利于经济发展和社会管理的原则设立。

村民委员会的设立、撤销、范围调整，由乡、民族乡、镇的人民政府提出，经村民会议讨论同意，报县级人民政府批准。

村民委员会可以根据村民居住状况、集体土地所有权关系等分设若干村民小组。

15. 村委会与乡、镇人民政府是什么关系?

乡、民族乡、镇的人民政府对村民委员会的工作给予指导、支持和帮助，但是不得干预依法属于村民自治范围内的事项。村民委员会协助乡、民族乡、镇的人民政府开展工作。这就是说，乡、镇人民政府与村委会之间的关系是指导与协助的关系，而不是领导与被领导的关系。

16. 村委会在农村经济发展事务中应发挥哪些作用？

村民委员会应当宣传宪法、法律、法规和国家的政策，教育和推动村民履行法律规定的义务、爱护公共财产，维护村民的合法权益，发展文化教育，普及科技知识，促进男女平等，做好计划生育工作，促进村与村之间的团结、互助，开展多种形式的社会主义精神文明建设活动。

村民委员会应当支持服务性、公益性、互助性社会组织依法开展活动，推动农村社区建设。

多民族村民居住的村，村民委员会应当教育和引导各民族村民增进团结、互相尊重、互相帮助。

★以案释法

"村民自治"不可诉，农民维权要符合法律规定

【案情介绍】老高是某市郊区的一名普通村民，承包了村里的4亩土地用于种植。后来，村里搞征地拆迁用于开发房地产。老高家中承包的4亩土地也在征收范围之内。随着房地产项目的逐渐启动，没有地种的老高越来越关心自己的征地补偿款到底什么时候能拿到手。后来，他得知村里的征地补偿款早就已经到村里了，可是村委会就是不发钱。"这可不行，这是我的承包地，他们凭什么拿着我的征地补偿款不给我？"老高想不明白了，于是，一纸诉状将村委会告上了法庭，理由是自己耕种的承包地被征收了，应当获得相应的征地补偿款，而村委会截留了属于自己的那份征地补偿款，迟迟不予发放，已经侵犯了自己的合法权利，故请求法院判令村委会立即向自己支付4

亩承包地的征地补偿款。诉讼中，法院经调查了解到，老高所在的这个村不久前才刚刚领取了本村村民的征地补偿费，尚未就该费用的使用、分配作出决议或制定方案，同时，原告老高也未能提供相关证据证明村委会截留了该村的征地补偿款，老高所诉事项属于村民自治的范畴，不属于法院受理民事诉讼的范围，故裁定驳回了他的起诉。

【案例评析】《村民委员会组织法》第 24 条规定，涉及村民利益的下列事项，经村民会议讨论决定方可办理：……（7）征地补偿费的使用、分配方案。《最高人民法院关于审理涉及农村土地承包纠纷案件适用法律问题的解释》第 1 条第 4 款规定，集体经济组织成员就用于分配的土地补偿费数额提起民事诉讼的，人民法院不予受理。

我国实行“村民自治”制度，即由农村集体经济组织成员通过村民会议或经村民会议授权的村民代表会议依据民主议定程序讨论决定涉及本村重大利益的事项，管理处分自己的财产资源，行使自治权。如果个别村民对村集体已经决策或尚未决策完毕的事项存在异议，并因此引发争议，应由集体经济组织内部通过民主决策自行解决，如仍无法得以处理，则应通过相关行政主管部门解决，但不属于法院主管范畴。

承包土地属于村民集体所有，基于承包地所获得的征地补偿费也属于村民集体所有。因此，征地补偿费如何分配、使用，属于村民自治的范畴，应通过村民会议或者村民代表会议民主讨论决定，并不以个别农户或村民的意志为转移。在农村集体经济组织作出征地补偿费的分配、使用方案之前，作为村民的老高起诉要求村委会直接按照市场价格向其支付土地补偿费的诉求不属于法院主管范围，不应予以受理。当然，老高赖以为生的承包土地被征收，也应获得相应的补偿，如安置补助费、地上附着物补偿费和青苗补偿费等。而村委会不能截留或侵占这些费用。因此，在村里作出征地补偿费用的分配、使用方案后，确定了费用分给谁、分多少等，并且村委会已经实际领取了全部征地费用，此时被征地的农户可以起诉村委会按照议定分配方案索要自己应得的份额。

17. 村民委员会的任期是多长时间？

村民委员会每届任期3年，期满应当及时举行换届选举。村民委员会成员可以连选连任。

18. 法律对村民选举作了哪些规定？

《村民委员会组织法》第13条规定，年满18周岁的村民，不分民族、种族、性别、职业、家庭出身、宗教信仰、教育程度、财产状况、居住期限，都有选举权和被选举权；但是，依照法律被剥夺政治权利的人除外。

村民委员会选举前，应当对下列人员进行登记，列入参加选举的村民名单：（1）户籍在本村并且在本村居住的村民；（2）户籍在本村，不在本村居住，本人表示参加选举的村民；（3）户籍不在本村，在本村居住1年以上，本人申请参加选举，并且经村民会议或者村民代表会议同意参加选举的公民。

已在户籍所在村或者居住村登记参加选举的村民，不得再参加其他地方村民委员会的选举。

19. 在何种情形下可以罢免村委会成员？

本村以上有选举权的村民或者1/5以上的村民代表联名，可以提出罢免村民委员会成员的要求，并说明要求罢免的理由。被提出罢免的村民委员会成员有权提出申辩意见。罢免村民委员会成员，须有登记参加选举的村民过半数投票，并须经投票的村民过半数通过。

★以案释法

村主任不为民办事，村民行使罢免权

【案情介绍】2013年11月18日，某区甲村496名村民联名提出罢免村委会主任。其罢免的理由是，本村村委会主任潘某自2010年任职以来，没有依法经营管理村级集体财产。在土地问题上利用职权侵占村民合法权益，财务管理失控，村财务从没有公开，据上级的审计报告，村财务“白条子”入账占85%，3年之中，村委会成员吃喝玩乐共计66.42万元，占全村收入的24.5%。

2014年3月24日，在当地政府和人大的指导下，甲村村委会主持召开村民大会，依据《村民委员会组织法》的规定，履行罢免程序。一名村民代表在大会上宣读了村民联名要求罢免村委会主任潘某的意见书及罢免理由，潘某就罢免理由当场逐条进行了申辩。甲村共有1351名有选举权的村民，本次村民大会有1290人领票参加了罢免投票。大会共收回选票1241张，其中1122票赞成罢免现村委会主任，94票反对，17票弃权，8张废票。最后，村委会成员当场公布投票结果并宣布：本村村民依法罢免村委会主任潘某生效。

【案例评析】《村民委员会组织法》第16条规定，本村1/5以上有选举权的村民或者1/3以上的村民代表联名，可以提出罢免村民委员会成员的要求，并说明要求罢免的理由。被提出罢免的村民委员会成员有权提出申辩意见。罢免村民委员会成员，须有登记参加选举的村民过半数投票，并须经投票的村民过半数通过。我国是社会主义国家，人民当家作主，村民委员会由村民选举产生，对村民负责，受村民监督。村民有权依法选举村民委员会，也有权依法罢免村委会成员。

因此，村民委员会及其成员应当遵守宪法、法律、法规和国家的政策，办事公道，廉洁奉公，热心为村民服务。如果有的村委会成员在当选以后，放松对自己的要求，以权谋私，多吃多占，违法乱纪，腐化堕落，辜负村民的信任，村民就有权依法把他罢免。

20. 以不正当手段当选村委会成员的后果有哪些？

《村委会组织法》第17条规定，以暴力、威胁、欺骗、贿赂、伪造选票、虚报选举票数等不正当手段当选村民委员会成员的，当选无效。

对以暴力、威胁、欺骗、贿赂、伪造选票、虚报选举票数等不正当手段，妨害村民行使选举权、被选举权，破坏村民委员会选举的行为，村民有权向乡、民族乡、镇的人民代表大会和人民政府或者县级人民代表大会常务委员会和人民政府及其有关主管部门举报，由乡级或者县级人民政府负责调查并依法处理。

21. 村民会议由哪些人组成？

村民会议由本村18周岁以上的村民组成。村民会议由村民委员会召集。有1/10以上的村民或者2/3以上的村民代表提议，应当召集村民会议。召集村民会议，应当提前10天通知村民。召开村民会议，应当有本村18周岁以上村民的过半数，或者本村2/3以上的户的代表参加，村民会议所作决定应当经到会人员的过半数通过。法律对召开村民会议及作出决定另有规定的，依照其规定。召开村民会议，根据需要可以邀请驻本村的企业、事业单位和群众组织派代表列席。

22. 涉及村民利益的哪些事项须经村民会议讨论决定方可办理？

涉及村民利益的下列事项，经村民会议讨论决定方可办理：（1）本村享受误工补贴的人员及补贴标准；（2）从村集体经济所得收益的使用；（3）本村公益事业的兴办和筹资筹劳方案及建设承包方案；（4）土地承包经营方案；（5）村集体经济项目的立项、承包方案；（6）宅基地的使用方案；（7）征地补偿费的使用、分配

方案；(8) 以借贷、租赁或者其他方式处分村集体财产；(9) 村民会议认为应当由村民会议讨论决定的涉及村民利益的其他事项。

23. 村民委员会的哪些事项应当及时向村民公开？

村民委员会应当及时公布下列事项，接受村民的监督：(1)《村委会组织法》第 23 条、第 24 条规定的由村民会议、村民代表会议讨论决定的事项及其实施情况；(2) 国家计划生育政策的落实方案；(3) 政府拨付和接受社会捐赠的救灾救助、补贴补助等资金、物资的管理使用情况；(4) 村民委员会协助人民政府开展工作的情况；(5) 涉及本村村民利益，村民普遍关心的其他事项。一般事项至少每季度公布 1 次；集体财务往来较多的，财务收支情况应当每月公布 1 次；涉及村民利益的重大事项应当随时公布。村民委员会应当保证所公布事项的真实性，并接受村民的查询。

第三章 农村土地管理

24. 农村土地的范围包括哪些？

农村土地，是指农民集体所有和国家所有依法由农民集体使用的耕地、林地、草地，以及其他依法用于农业的土地。

25. 农民集体所有的土地所有权归谁？由谁发包？

农民集体所有的土地依法属于村农民集体所有的，由村集体经济组织或者村民委员发包；已经分别属于村内两个以上农村集体经济组织的农民集体所有的，由村内各该集体经济组织或者村民小组发包。村集体经济组织或者村民委员会发包的，不得改变村内各集体经济组织农民集体所有的土地的所有权。国家所有依法由农民集体使用的农村土地由使用该土地的集体经济组织、村民委员会或者村民小组发包。

26. 土地承包方的权利和义务有哪些？

农村土地承包方享有下列权利：（1）依法享有承包地使用、收益和土地承包经营权流转的权利，有权自主组织生产经营和处置产品；（2）承包地被依法征收、征用、占用的，有权依法获得相应的补偿；（3）法律、行政法规规定的其他权利。

农村土地承包方承担下列义务：（1）维持土地的农业用途，不得用于非农建设；（2）依法保护和合理利用土地，不得给土地造成永久性损害；（3）法律、行政法规规定的其他义务。

27. 土地承包应遵循哪些程序？

《农村土地承包法》第19条规定，土地承包应当按照以下程序进行：（1）本集体经济组织成员的村民会议选举产生承包工作小组；（2）承包工作小组依照法律、法规的规定拟订并公布承包方案；（3）依法召开本集体经济组织成员的村民会议，讨论通过承包方案；（4）公开组织实施承包方案；（5）签订承包合同。

28. 土地的承包期限是多长？

耕地的承包期为30年。草地的承包期为30年至50年。林地的承包期为30年至70年；特殊林木的林地承包期，经国务院林业行政主管部门批准可以延长。

29. 农村土地承包合同生效后合同能否变更或解除？

农村土地承包合同生效后，发包方不得因承办人或者负责人的变动而变更或者解除，也不得因经济组织的分立或者合并而变更或者解除。

★以案释法

土地承包合同无效，责任由错误方来承担

【案情介绍】2010年12月，村民李某与当时的村委会签订了一份

土地承包合同。合同约定，村委会将村属的15亩承包地承包给李某经营，承包期限为30年。合同签订后，李某对所承包的土地进行了重新规范和整理，并在投资近5000元的承包土地上新打了一眼深井。2013年10月，李某所在的村委会进行了换届选举。换届后的村委会以原村委会与李某所签订的土地承包合同没有召开村民大会，违反民主议定原则为由，将李某所承包的土地强行收回。李某将村委会告上法庭，要求确认合同有效，被告继续履行合同；如果确认合同无效，要求赔偿2万元经济损失。

法院经审理后认为，原告李某与原村委会之间签订的土地承包合同违反了民主议定原则，属于无效合同。原村委会在签订合同中存在明显过错，应当对因合同无效给原告李某造成的经济损失进行赔偿。但法院在判决中只对因合同无效给李某造成的直接损失作了认定，判决村委会赔偿李某整地和打井费用8000元，而对李某自行委托价格认证中心认证的不能继续履行合同后两年的土地可得利益损失13000元，以"属于期待利益，不是直接损失，且村委会有异议"为由，不予支持。

【案例评析】农村土地承包合同与其他合同相比，具有长期性特点，一般为30年。这种土地承包合同签订后，承包人为顾及长远利益，其初始投入往往较大，承包人的期待利益也是巨大的。一旦合同被确认无效，法院若仅仅支持承包方直接损失，而不考虑其间接损失，势必会损害农民的切身利益。以上案例中，对李某自行委托认证机构作出的间接损失认定，如双方有异议，法院可委托有鉴定资格的认证机构予以认证，并在合理幅度内根据双方的过错责任予以分担，而不应以"属于期待利益"为由不予支持。只要承包方的间接损失是可以预见并能预期取得的利益，就应支持，这也符合合同法中有关损失的赔偿原则。

30. 承包期内，发包方能否随意收回承包地？

承包期内，发包方不得收回承包地。承包期内，承包方全家

迁入小城镇落户的，应当按照承包方的意愿，保留其土地承包经营权或者允许其依法进行土地承包经营权流转。承包期内，承包方全家迁入设区的市，转为非农业户口的，应当将承包的耕地和草地交回发包方，承包方不交回的，发包方可以收回承包的耕地和草地。承包期内，承包方交回承包地或者发包方依法收回承包地时，承包方对其在承包地上投入而提高土地生产能力的，有权获得相应的补偿。

31. 土地承包经营权流转应遵循的原则有哪些？

土地承包经营权流转应当遵循以下原则：（1）平等协商、自愿、有偿，任何组织和个人不得强迫或者阻碍承包方进行土地承包经营权流转；（2）不得改变土地所有权的性质和土地的农业用途；（3）流转的期限不得超过承包期的剩余期限；（4）受让方须有农业经营能力；（5）在同等条件下，本集体经济组织成员享有优先权。

32. 土地承包经营权流转合同应包括哪些条款？

土地承包经营权流转合同一般包括以下条款：（1）双方当事人的姓名、住所；（2）流转土地的名称、坐落、面积、质量等级；（3）流转的期限和起止日期；（4）流转土地的用途；（5）双方当事人的权利和义务；（6）流转价款及支付方式；（7）违约责任。

33. 以其他方式承包的土地承包经营权能否进行流转？

通过招标、拍卖、公开协商等方式承包农村土地，经依法登记取得土地承包经营权证或者林权证等证书的，其土地承包经营权可以依法采取转让、出租、入股、抵押或者其他方式流转。

★以案释法

承包方有权收回代耕的土地

【案情介绍】某县农民俞某、屠某是同一村民组农民。俞某自农村实行家庭联产承包责任制时起，就从村集体获得一块1亩土地的承包经营权。2000年农村土地二轮承包时，俞某继续承包这块地，并获得了《农村集体土地承包经营权证书》，有效期为30年。2002年，俞某全家外出做生意，将这块承包地交给屠某夫妇代为耕种，并口头约定可随时收回。2014年，俞某回乡后向屠某夫妇索要这块耕地，但屠某夫妇认为自己耕种这块土地多年，土地承包关系早已发生改变，所以拒绝了俞某的要求。无奈之下，俞某将屠某夫妇告上法庭，要求他们立即退还耕地。法院审理后，依法支持了俞某的诉讼请求。

【案例评析】本案中，俞某依法取得了争议土地的承包经营权，因生意繁忙无暇耕种而将承包地临时交给屠某夫妇代为耕种，原、被告之间土地承包经营权的流转属于临时代耕性质，而非经发包方同意后的正式转让，俞某仍是该块土地的承包方，被告屠某夫妇与发包方之间并没有形成新的承包关系。屠某夫妇虽因此取得了该块土地的耕种、收益的权利，但这种权利只是临时的，原告俞某可以随时收回。

法院正是基于以上原因，判决支持原告要求返还土地承包经营权的请求的。如果原、被告双方签订了土地承包权转让书面合同，并经发包方，即农村集体经济组织的同意，土地的承包关系就会发生转变，原告也就无权要回承包经营权了。

《农村土地承包法》规定，耕地的承包期限为30年，承包期内发包方不得收回或随意调整承包地。通过家庭承包取得的土地承包经营权可以采取转包、出租、互换、转让或者其他方式流转，流转

的主体是承包方，承包方有权依法自主决定土地承包经营权是否流转和流转的方式。承包方如有稳定的非农职业或者有稳定的收入来源的，经发包方同意，可以将全部或者部分土地承包经营权转让给其他从事农业生产经营的农户（双方应签订书面合同），由该农户同发包方确立新的承包关系，原承包方与发包方同发包方在该土地上的承包关系即行终止。

34. 农村土地发包方对哪些侵害土地承包经营权的行为承担民事责任？

发包方有下列行为之一的，应当承担停止侵害、返还原物、恢复原状、排除妨害、消除危险、赔偿损失等民事责任：(1) 干涉承包方依法享有的生产经营自主权；(2) 违反《农村土地承包法》规定收回、调整承包地；(3) 强迫或者阻碍承包方进行土地承包经营权流转；(4) 假借少数服从多数强迫承包方放弃或者变更土地承包经营权而进行土地承包经营权流转；(5) 以划分“口粮田”和“责任田”等为由收回承包地搞招标承包；(6) 将承包地收回抵顶欠款；(7) 剥夺、侵害妇女依法享有的土地承包经营权；(8) 其他侵害土地承包经营权的行为。

35. 自愿离婚后或者法院在审理离婚时，夫妻双方可否要求法院对承包地的土地承包经营权进行分割？

在一般情况下，在承包合同履行期间夫妻双方自愿解除婚姻关系，并就承包经营权达成了协议，分割了承包的土地，就用不着法院来处理。但是如果夫妻双方虽自愿离婚，但对土地承包经营权达不成协议，或者法院在审理离婚案件的过程中准备判决离婚，法院是否可以对承包经营权进行分割呢？

根据司法解释的规定，法院在审理离婚案件时，如果双方就其承包经营权利义务达不成协议，而且双方均具有承包经营主体资格的，法院可以依法对承包经营权进行分割。当然，如果双方自愿离婚，但对土地承包经营权达不成协议，也可以向法院提起诉讼，要求依法对承包地的承包经营权进行分割。这对于依法保护妇女、儿童的利益是非常重要的。

36. 妇女与男子享有平等的土地承包经营权吗？

农村土地承包，妇女与男子享有平等的权利。承包中应当保护妇女的合法权益，任何组织和个人不得剥夺、侵害妇女应当享有的土地承包经营权。《农村土地承包法》第30条规定，承包期内，妇女结婚，在新居住地未取得承包地的，发包方不得收回其原承包地；妇女离婚或者丧偶，仍在原居住地生活或者不在原居住地生活但在新居住地未取得承包地的，发包方不得收回其原承包地。

★以案释法

丧夫妻子如何携女讨回土地承包权

【案情介绍】吴某某、杨某甲是杨某丙的妻子、女儿，杨某乙、李某某是杨某丙的父母。2011年7月杨某丙因事故去世，1983年实行土地承包时，杨某乙、李某某一家以杨某乙为户主承包了某县某村村委会9.7亩土地。1999年第二轮土地承包时，原第一轮土地承包以杨某乙为户主承包的土地由于其子杨某丙结婚生子分为两户：杨某乙和杨某丙。杨某乙名下6.3亩、杨某丙名下3.4亩。杨某丙去世后，2012年10月，杨某乙、李某某等占用了杨某丙名下3.4亩承包地。杨某丙的妻子吴某某和女儿杨某甲认为杨某乙、李某某等的行为侵犯了其土地承包经营权，诉至法院。案件经基层法院一审、市中院二审，支持

了吴某某、杨某甲的诉讼请求。

【案例评析】本案的焦点在于确认家庭承包的内涵，即哪些人对争议的土地享有承包经营权，以及如何保护丧偶妇女的合法权益。目前，虽然我国《农村土地承包法》在一些法条上特别注重对妇女承包经营权的保护，但是由于我国长期存在重男轻女的传统，农村在确定各个农户应承包的土地面积时，有时缺乏对妇女儿童权益的保障。本案中，第二轮承包重新订立了承包合同，是承包人取得新的承包经营权的法律依据，所以杨某丙家庭是争议的3.4亩土地承包经营权的主体。杨某丙妻女因出嫁、出生应计入到杨某丙户内，杨某丙家庭成员当然包括了吴某某、杨某甲。杨某丙去世后，其妻女作为杨某丙的家庭成员，依然享有承包经营权。

37. 承包的土地被征收了怎么办？

根据《物权法》第132条规定，承包地被征收的，土地承包经营权人有权依照该法第42条第2款的规定获得相应补偿。第42条规定，为了公共利益的需要，依照法律规定的权限和程序可以征收集体所有的土地和单位、个人的房屋及其他不动产。征收集体所有的土地，应当依法足额支付土地补偿费、安置补助费、地上附着物和青苗的补偿费等费用，安排被征地农民的社会保障费用，保障被征地农民的生活，维护被征地农民的合法权益。征收单位、个人的房屋及其他不动产，应当依法给予拆迁补偿，维护被征收人的合法权益；征收个人住宅的，还应当保障被征收人的居住条件。任何单位和个人不得贪污、挪用、私分、截留、拖欠征收补偿费等费用。

征收是国家以行政权取得集体、单位和个人的财产所有权的行为。征收的主体是国家，通常是政府部门，政府以行政命令的方式从集体、单位和个人取得土地、房屋等财产，集体、单位和个人必须服从。在物权法上，征收是物权变动的一种极为特殊的情形。在我国，由于公共建设任务繁重而征收较多，在城市是因城市规划拆迁而征收居民房屋，在农村是因公共建设、城市规划而征收集体土地。征收属于政府行使行政权，即属于行政关系，不属于民事关系，但由于征收涉及所有权人的所有权丧失，是对所有权的限制，同时又是国家取得所有权的一种方式，因此必须通过法律的形式确定。

38. 户口在原籍未迁出的出嫁女是否有权参与原所在村集体经济组织的土地补偿款分配？

这要根据具体的情况进行确定：（1）出嫁女已嫁出本村集体经济组织，其户籍尚未迁出的，如果在嫁入的村集体经济组织已经承包了土地，或者从其他各方面已经享有了其后来所在村集体经济组织收益的分配，那么就不能参与分配原集体经济组织的征地补偿费，这是因为不能双重受益。（2）如果出嫁女虽已嫁出本村集体经济组织，但户籍尚未迁出，而在嫁入的村集体经济组织没有承包土地，也不享有后来的村集体经济组织收益的分配，可以认定其仍然是原集体经济组织的成员，应享有与其原集体经济组织成员同等的待遇。在这种情况下，户籍所在的村集体经济组织不能任意剥夺出嫁女参与分配征地补偿款的权利。

39. 在校大中专学生的户籍迁出农村后是否能参与原户籍地征地补偿费的分配？

原户籍是农业户口的在校大中专学生，其户籍的迁出并不表明其已经脱离了原农村集体经济组织。之所以会将户籍迁出原所在的村集体组织，是基于学校学籍管理规定的需要。在校读书的大中专学生虽然离开了原户籍所在地村集体，但其离开户籍所在地的村集体并非是去就业，而是到学校里学习，是一个典型的消费者。他们在校的生活费、学费以及其他的花费基本上是依靠在农村里的父母或其他家庭成员的供给。如果排除原农业户口的在校大中专学生享受分配征地补偿费的权利，一方面会加重其父母或其他家庭成员的

负担，另一方面也不利于国民素质的提高及农村的发展。因此，在校大中专学生在学习期间，应仍然看作是其原村集体经济组织成员。因此，迁出村农业户口的在校大中专学生应享有与其他村民同等的权利，可以参与征地补偿费的分配。

40. 新出生人口是否享有征地补偿款分配权？

许多地方因为新出生人口未办好户口手续或虽已办好户口手续但未分得责任田而决定不给他们分配征地补偿款，这种做法是不合法的。根据我国民事法律的规定，人的民事权利能力始于出生，即人一出生就享有与其他人相同的民事权利能力，如果以未办好户口手续或虽已办好户口手续但未分得责任田而拒绝其分配征地补偿款权利，这与法律精神及规定不相符。因此，只要能够确认征地补偿款产生于其出生之后，就应认定该新生人口享有征地补偿款的分配权。

41. 超生的子女是否享有征地补偿款分配权？

我国实行计划生育，按照法律规定，国家提倡一对夫妻生育两个子女。符合其他条件或少数民族规定的，从其规定。超生的子女是指超过法律规定准许生养小孩范围而额外生养的小孩。按照国家法律和地方性法规的规定，超生小孩的夫妻一般会受到政府相关部门的处罚。所以，对于超生子女，如已接受了处罚并已执行到位，而且进行了户口登记的，应当享有本村村民的同等待遇，即有权享有征地补偿款的分配权。如处罚未到位，户口未登记的，则不应享有征地补偿款的分配权。

42. 农村复转军人是否享有土地补偿费的分配权？

农村复转军人在起初应征入伍时户口就在原地保留，在服役期间，不应停止村集体经济组织收益的分配权；其复员回乡，意味着重新回家务农，当然享有与其他村民相同的权利，自然享有参与分配土地补偿费的权利。

如果转业后，国家安排在党政机关或事业单位工作，生活稳定的，应不予分配。如果安排在经营状况极差的企业单位，本人面临下岗、生活难以维持的，因其在服役期间担负着保家卫国的光荣使命，所以村（组）仍应减半或酌情分配。

43. 外来人员是否享有征地补偿款分配权？

外来人员主要有异地嫁来的妇女、入赘来的女婿、收养的子女等，这些外来人员如果落户合法，且已经脱离原来的村民集体，应享有与本村村民同等的待遇，享有征地补偿款的分配权。如果外来户为城镇居民户口，或者其虽已落户现在的村集体，但还享有其原来村集体的权益，例如继续在原村集体承包土地，享受原村集体的各项待遇，那么其不享有现在的村集体的权益。

44. 宅基地可以转让或继承吗？

农村村民的宅基地，属于农民集体所有。农村村民对宅基地只有使用权而无所有权，所以宅基地不准转让和买卖。

由于宅基地不属于村民私有财产，因而不能继承，但是宅基地上所建的房屋属于私有财产，是继承法可以继承的对象。根据“房地一体”转移的原则，当房屋所有权转移并且继承人为本集体经济成员时，宅基地的使用权也就随之转移。如果不符合申请条件，则可以将房屋卖给该集体经济其他符合申请条件的村民。如果不愿出卖，则该房屋不得翻建、改建、扩建，待处于不可居住状态时，宅基地由集体经济组织收回。继承人是城市居民的，比照上述不符合宅基地申请条件的情形处理。

45. 宅基地灭失了怎么办？

宅基地使用权是农民基于集体成员身份享有的一种保障性的权利。作为基本保障，宅基地使用权制度不但要考虑到一般情况下的农民的生活需要，还要保证自然灾害等特殊情况下的基本居住。在发生自然灾害导致农民原有的宅基地被毁的情况下，应当按照国家有关规定，对丧失基本居住条件的农民重新分配宅基地。但是由于自己原因丧失自有住房和土地的，不在法律保障的范围内，对丧失宅基地的后果，由自己承担。

《物权法》第 154 条规定，宅基地因自然灾害等原因灭失的，宅基地使用权消灭。对失去宅基地的村民，应当重新分配宅基地。

《土地管理法》第 62 条规定，农村村民一户只能拥有一处宅基地，其宅基地的面积不得超过省、自治区、直辖市规定的标准。农村村民建住宅，应当符合乡（镇）土地利用总体规划，并尽量使用原有的宅基地和村内空闲地。农村村民住宅用地，经乡（镇）人民政府审核，由县级人民政府批准；其中，涉及占用农用地的，依照本法第 44 条的规定办理审批手续。农村村民出卖、出租住房后，再申请宅基地的，不予批准。

46. 哪些土地应划入基本农田保护区？

国家实行基本农田保护制度。下列耕地应当根据土地利用总体规划划入基本农田保护区，严格管理：（1）经国务院有关主管部门或者县级以上地方人民政府批准确定的粮、棉、油生产基地内的耕地；（2）有良好的水利与水土保持设施的耕地，正在实施改造计划以及可以改造的中、低产田；（3）蔬菜生产基地；（4）农业科研、教学试验田；（5）国务院规定应当划入基本农田保护区的其他耕地。

各省、自治区、直辖市划定的基本农田应当占本行政区域内耕地的80%以上。基本农田保护区以乡（镇）为单位进行划区定界，由县级人民政府土地行政主管部门会同同级农业行政主管部门组织实施。

★以案释法

责任田不能私自转让

【案情介绍】2012年5月末，孙某将他承包的2.5亩责任田转包给吴某，吴某准备建砖窑。合同签订后，吴某付给他3000元订金及1000元青苗损失费。不久被村干部发现，认为孙某无权转让责任田，还说改变耕地用途也是违法的，双方签订的合同无效。村干部的说法对吗？

【案例评析】村干部的说法是对的。《土地管理法》明确规定，农民集体所有的土地由集体经济组织以外的单位或个人承包经营的，必须经村民会议2/3以上成员或者2/3以上的村民代表的同意，并报乡（镇）人民政府批准。孙某私自将他所承包的责任田转让给吴某，显然是违反上述条款的规定。《土地管理法》第36条第2款规定，禁止占用耕地建窑、建坟或者擅自在耕地上建房、挖砂、采石、采矿、取土等。就是说，擅自改变耕地用途，是国法所不容的。

综上所述，不仅私自转让责任田是违法的，擅自改变耕地用途也是国法所不容，村干部认为吴某与孙某签订的合同无效是有法律依据的。

47. 征收哪类土地须经国务院批准？

《土地管理法》第45条规定，征收下列土地的，由国务院批准：（1）基本农田；（2）基本农田以外的耕地超过35公顷的；（3）其他土地超过70公顷的。

48. 征收耕地如何补偿？

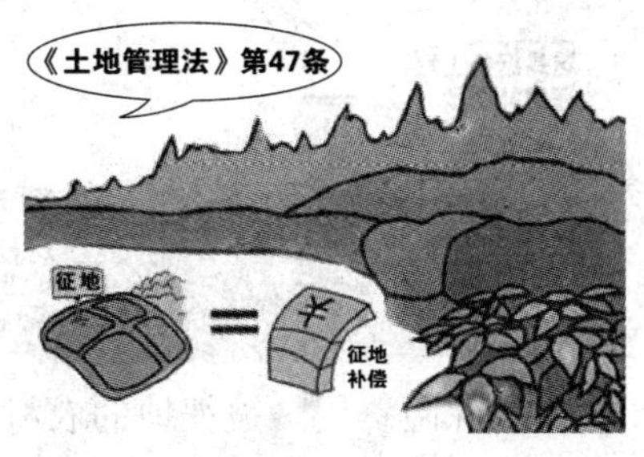

征收土地的，按照被征收土地的原用途给予补偿。征收耕地的补偿费用包括土地补偿费、安置补助费以及地上附着物和青苗的补偿费。征收耕地的土地补偿费，为该耕地被征收前3年平均年产值的6至10倍。征收耕地的安置补助费，按照需要安置的农业人口数计算。需要安置的农业人口数，按照被征收的耕地数量除以征地前被征收单位平均每人占有耕地的数量计算。每一个需要安置的农业人口的安置补助费标准，为该耕地被征收前3年平均年产值的4至6倍。但是，每公顷被征收耕地的安置补助费，最高不得超过被征收前3年平均年产值的15倍。征收其他土地的土地补偿费和安置补助费标准，由省、自治区、直辖市参照征收耕地的土地补偿费和安置补助费的标准规定。被征收土地上的附着物和青苗的补偿标准，由省、自治区、直辖市规定。征收城市郊区的菜地，用地单位应当按照国家有关规定缴纳新菜地开发建设基金。依照以上的规定支付土地补偿费和安置补助费，尚不能使需要安置的农民保持原有生活水平的，经省、自治区、直辖市人民政府批准，可以增加安置补助费。但是，土地补偿费和安置补助费的总和不得超过土地被征收前3年平均年产值的30倍。国务院根据社会、经济发展水平，在特殊情况下，可以提高征收耕地的土地补偿费和安置补助费的标准。

49. 征收土地的补偿费用归谁所有？

土地补偿费归农村集体经济组织所有；地上附着物及青苗补偿费归地上附着物及青苗的所有者所有。征收土地的安置补助费必须专款专用，不得挪作他用。需要安置的人员由农村集体经济组织安置的，安置补助费支付给农村集体经济组织，由农村集体经济组织

管理和使用；由其他单位安置的，安置补助费支付给安置单位；不需要统一安置的，安置补助费发放给被安置人员个人或者征得被安置人员同意后用于支付被安置人员的保险费用。被征地的农村集体经济组织应当将征收土地的补偿费用的收支状况向本集体经济组织的成员公布，接受监督。禁止侵占、挪用被征收土地单位的征地补偿费用和其他有关费用。

50. 哪些土地经县级以上人民政府依法批准，可以以划拨的方式取得？

建设单位使用国有土地，应当以出让等有偿使用方式取得；但是，下列建设用地，经县级以上人民政府依法批准，可以以划拨方式取得：（1）国家机关用地和军事用地；（2）城市基础设施用地和公益事业用地；（3）国家重点扶持的能源、交通、水利等基础设施用地；（4）法律、行政法规规定的其他用地。

51. 有关部门在什么情形下有权收回土地使用权？

有下列情形之一的，由有关人民政府土地主管部门报经原批准用地的人民政府或者有批准权的人民政府批准，可以收回国有土地使用权：（1）为公共利益需要使用土地的；（2）为实施城市规划进行旧城区改建，需要调整使用土地的；（3）土地出让等有偿使用合同约定的使用期限届满，土地使用者未申请续期或者申请续期未获批准的；（4）因单位撤销、迁移等原因，停止使用原划拨的国有土地的；（5）公路、铁路、机场、矿场等经核准报废的。

52. 农村村民未经批准擅自占地建房，将承担什么法律责任？

农村村民未经批准或者采取欺骗手段骗取批准，非法占用土地

建住宅的，由县级以上人民政府土地行政主管部门责令退还非法占用的土地，限期拆除在非法占用的土地上新建的房屋。超过省、自治区、直辖市规定的标准，多占的土地以非法占用土地论处。

★以案释法

政府无权批地，违法盖房损失自负

【案情介绍】2013 年 6 月，某乡某村杨某向乡政府递交需占地建猪栏的报告。乡政府在杨某的报告上批示“同意按计划、规划占地建猪栏”。杨某得到批示后，在其沿晃凉公路边的责任田里占地 104.3 平方米修建一栋一楼一底的楼房。2014 年 5 月 30 日，该县国土局认定杨某是违法占用农田建房，对其作出了“罚款 1300 元，并责令拆除违法建筑物”的行政处罚。杨某认为自己违法占田建房是被告乡政府非法批地造成的，要求判令被告乡政府赔偿原告所受经济损失 1.5 万元，确认被告乡政府批地的具体行政行为违法。

该县法院经审理认为，被告乡政府无权批准村民占用耕地建房，属非法批占耕地，应予撤销。杨某的损失与被告乡政府的非法批地具体行政行为没有直接和本质的联系。据此，判决如下：一、撤销被告乡政府非法批地的决定。二、驳回原告杨某要求被告乡政府赔偿损失的诉讼请求。杨某不服上诉于市中级人民法院，市中级法院经过开庭审理驳起诉，维持原判。

【案例评析】按照《土地管理法》第 78 条第 3 款的规定，非法批准征用、使用土地，对当事人造成损失的，依法应当承担赔偿责任。如果原告按照被告批示的要求去占地建猪栏，对造成的损失被告依法应承担赔偿责任。但原告不按批示的要求去做，仅是借批示建猪栏的名义实施了占农田建楼房的违法行为，当然就与被告的非法批地的具体行政行为无关，由此产生的法律后果只能由原告承担。

53. 政府机关及其工作人员非法擅自批准征收、使用土地将承担什么法律后果？

政府机关及其工作人员非法批准征收、使用土地的单位或者个人非法批准占用土地的，超越批准权限非法批准占用土地的，不按照土地利用总体规划确定的用途批准用地的，或者违反法律规定的程序批准占用、征收土地的，其批准文件无效，对非法批准征收、使用土地的直接负责的主管人员和其他直接责任人员，依法给予行政处分；构成犯罪的，依法追究刑事责任。

非法批准、使用的土地应当收回，有关当事人拒不归还的，以非法占用土地论处。

非法批准征用、使用土地，对当事人造成损失的，依法应当承担赔偿责任。

54. 在非法占用的土地上新建建筑物和其他设施，将承担什么责任？

依照《土地管理法》的规定，责令限期拆除在非法占用的土地上新建的建筑物和其他设施的，建设单位或者个人必须立即停止施工，自行拆除；对继续施工的，作出处罚决定的机关有权制止。建设单位或者个人对责令限期拆除的行政处罚决定不服的，可以在接到责令限期拆除决定之日起 15 日内，向人民法院起诉；期满不起诉又不自行拆除的，由作出处罚决定的机关依法申请人民法院强制执行，费用由违法者承担。

55. "农家乐"用地问题有何法律规定？

随着农村生态经济和旅游经济的不断发展，越来越多的城市人涌入农村享受农村的秀丽风光和自然的生态。"农家乐"这种经济模式就此发展起来。

为了接待游客和生活的方便，不少农民在自己的宅基地周边建

筑起了提供食宿的房屋、开辟庄园等，更有一些农民拆除了自家房屋，改造成商住一体的建筑，使得房屋在物理上与营业场所融为一体，难以区分。

宅基地使用权主体是农村集体组织的村民。因为宅基地使用权具有一定的社会福利性，此点主要表现在农村居民能以非常低廉的价格甚至是无偿获得宅基地，国家通过分配给农民宅基地，有效地保障了农民的基本生活居住条件，最终维护农村社会秩序的稳定。

宅基地一定的社会福利性与“农家乐”占用宅基地行为的经营性相矛盾。众所周知，农村宅基地使用权具有生存保障的性质，是国家给予农户的福利，农民的宅基地的使用权是无偿获得的。而“农家乐”是经营性质的，其土地使用权属于建设用地使用权，因而不具有生存保障性质，也就是说“农家乐”用地不应是无偿的。“农家乐”用地主体超出了农民范围。从农家乐投资的主体分析，农民个人或者合伙在农村兴办的农家乐应该占“农家乐”发展的主导，但由于缺乏有效的管理，“农家乐”的投资主体不再限于农民，一些工商企业也开始涉足“农家乐”投资经营并逐渐侵蚀了农民的利润。这种滥用“农家乐”的主体资格的情况，违背了国家解决农民发展问题的意愿。

因此农家乐的上地在法律上的性质是建设用地的性质，按照相关的法律申请土地的使用。合法利用土地，依法创造收入。

第四章 农业生产经营

56. 种子法中所称的种子是指哪些？

《种子法》第2条第2款规定，种子是指农作物和林木的种植材料或者繁殖材料，包括籽粒、果实、根、茎、苗、芽、叶、花等。

57. 什么是假种子和劣种子？

禁止生产经营假、劣种子。农业、林业主管部门和有关部门依法打击生产经营假、劣种子的违法行为，保护农民合法权益，维护公平竞争的市场秩序。

下列种子为假种子：（1）以非种子冒充种子或者以此种品种种子冒充其他品种种子的；（2）种子种类、品种与标签标注的内容不符或者没有标签的。

下列种子为劣种子：（1）质量低于国家规定标准的；（2）质量低于标签标注指标的；（3）带有国家规定的检疫性有害生物的。

★以案释法

遭遇假种子农民如何维权

【案情介绍】某村某农户在维权过程中，在该市市郊的种子公司发现一假冒种子加工窝点。举报后经农业部门取证、检验、查实后，向该市公安局前进分局报案。当年12月11日，在农业部门相关政府人员配合下，该市公安局某分局对涉案的大院进行了查处。目前，公

安部门已对该案件正式立案，拘留3名涉案人员，查处一批假冒伪劣种子，案件即将进入司法程序。

【案例评析】假种子坑农害农，使用假种子，有的出苗不全，有的引发检疫性病虫草害等，导致减产减收，甚至绝收。尽管农户使用假种子造成损失，可以依法要求出售种子的经营者赔偿购种价款、有关费用和可得利益损失，但是对农业生产的损害已无法挽回。所以，不能眼看着假种子泛滥，执法部门必须加强执法监管。

58. 法律如何规定种子生产经营许可证的核发？

《种子法》第31条规定，从事种子进出口业务的种子生产经营许可证，由省、自治区、直辖市人民政府农业、林业主管部门审核，国务院农业、林业主管部门核发。

从事主要农作物杂交种子及其亲本种子、林木良种种子的生产经营以及实行选育生产经营相结合，符合国务院农业、林业主管部门规定条件的种子企业的种子生产经营许可证，由生产经营者所在地县级人民政府农业、林业主管部门审核，省、自治区、直辖市人民政府农业、林业主管部门核发。

前两款规定以外的其他种子的生产经营许可证，由生产经营者所在地县级以上地方人民政府农业、林业主管部门核发。

只从事非主要农作物种子和非主要林木种子生产的，不需要办理种子生产经营许可证。

59. 种子生产经营许可证应载明哪些事项？

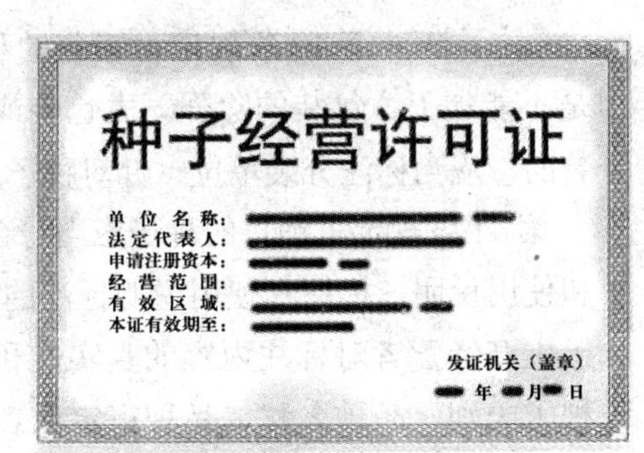

种子生产经营许可证应当载明生产经营者名称、地址、法定代表人、生产种子的品种、地点和种子经营的

范围、有效期限、有效区域等事项。

60. 生产种子除需种子生产经营许可证外还需具备哪些条件？

申请取得种子生产经营许可证的，应当具有与种子生产经营相适应的生产经营设施、设备及专业技术人员，以及法规和国务院农业、林业主管部门规定的其他条件。

从事种子生产的，还应当同时具有繁殖种子的隔离和培育条件，具有无检疫性有害生物的种子生产地点或者县级以上人民政府林业主管部门确定的采种林。

申请领取具有植物新品种权的种子生产经营许可证的，应当征得植物新品种权所有人的书面同意。

61. 购买种子需要注意哪些问题？

种子使用者有权按照自己的意愿购买种子，任何单位和个人不得非法干预。根据《种子法》规定，种子经营者需取得种子经营许可证，方可经营。所以购买种子首先要到正规种子经营单位购买。购买种子时应注意以下问题：注意检查种子包装是否规范，而且要附有标签。标签应当标注种子类别、品种名称、产地、质量指标、检疫证明编号、种子经营许可证编号或者进口审批文号等。

62. 销售种子应符合哪些法律规定？

《种子法》第 40 条规定，销售的种子应当加工、分级、包装。但是不能加工、包装的除外。大包装或者进口种子可以分装；实行分装的，应当标注分装单位，并对种子质量负责。

第 41 条规定，销售的种子应当符合国家或者行业标准，附有标签和使用说明。标签和使用说明标注的内容应当与销售的种子相符。种子生产经营者对标注内容的真实性和种子质量负责。标签应当标注种子类别、品种名称、品种审定或者登记编号、品种适宜种植区

域及季节、生产经营者及注册地、质量指标、检疫证明编号、种子生产经营许可证编号和信息代码，以及国务院农业、林业主管部门规定的其他事项。销售授权品种种子的，应当标注品种权号。销售进口种子的，应当附有进口审批文号和中文标签。销售转基因植物品种种子的，必须用明显的文字标注，并应当提示使用时的安全控制措施。

63. 因种子质量等问题遭受损失的，如何请求赔偿？

《种子法》第46条规定，种子使用者因种子质量问题或者因种子的标签和使用说明标注的内容不真实，遭受损失的，种子使用者可以向出售种子的经营者要求赔偿，也可以向种子生产者或者其他经营者要求赔偿。赔偿额包括购种价款、可得利益损失和其他损失。属于种子生产者或者其他经营者责任的，出售种子的经营者赔偿后，有权向种子生产者或者其他经营者追偿；属于出售种子的经营者责任的，种子生产者或者其他经营者赔偿后，有权向出售种子的经营者追偿。

★以案释法

销售未审定的种子造成损失的应担全责

【案情介绍】2014年3月28日，原告张某从被告某某公司开办的某乡销售部，以每公斤15元的价格购买了新华海1号长绒棉棉种300公斤。当年春播时节，原告将购买的棉种播撒到自己承包的115亩承包土地中。原告播撒的棉种出苗率良好，但棉花出苗后不久，棉苗出现大面积枯萎死亡。经某县农技推广中心和价格鉴定中心鉴定，原告种植的棉花因枯萎死亡，造成的经济损失为164700元。

2014年6月17日，经省农林业司法鉴定所鉴定，被告销售给原告的棉种发芽率符合国家农作物种子质量标准中棉花的强制标准。但被告销售给原告的新华海1号长绒棉棉种，生产者为某某农业发展有限公司，新华海1号长绒棉棉种至今没有通过国家农作物品种审定部门的审定。

【案例评析】《种子法》第23条规定，应当审定的农作物品种未经审定通过的，不得发布广告、推广、销售。我国《侵权责任法》第42条规定，因销售者的过错使产品存在缺陷，造成他人损害的，销售者应当承担侵权责任。第43条规定，因产品存在缺陷造成损害的，被侵权人可以向产品的生产者请求赔偿，也可以向产品的销售者请求赔偿。产品缺陷由生产者造成的，销售者赔偿后，有权向生产者追偿。因销售者的过错使产品存在缺陷的，生产者赔偿后，有权向销售者追偿。《民法通则》第122条规定，因产品质量不合格造成他人财产、人身损害的，产品制造者、销售者应当依法承担民事责任。运输者、仓储者对此负有责任的，产品制造者、销售者有权要求赔偿损失。

从上述四条法律规定来看，本案中被告作为棉种的销售者，其将未经过国家农作物审定部门审定的棉种，私自销售给原告，其行为违反了国家法律强制性规定，应属无效民事行为。而在该买卖行为中，被告作为经营农资的企业应当知晓国家工商行政部门对种子经营许可证制度以及棉种非经审定不得经营推广的法律规定，而且通过工商部门执法人员的调查笔录可知，被告的销售人员对上述规定也是明知的，因此被告在该无效买卖合同中具有过错。原告在使用过程中棉苗大面积出现枯萎死亡，对原告造成的损失，被告应付全部赔偿责任，原告要求被告退还购买棉种款4500元及要求被告赔偿经济损失164700元的诉讼请求，符合法律规定，应予以支持。因此，不论所销售种子的其他评价标准是否达到国家的其他规定，只

要该种子是未经国家有关部门审定，造成损失的，销售方应该承担全部的赔偿责任。

64. 种子质量检验机构应具备哪些条件？

承担种子质量检验的机构应当具备相应的检测条件、能力，并经省级以上人民政府有关主管部门考核合格。

种子质量检验机构应当配备种子检验员。种子检验员应当具有中专以上有关专业学历，具备相应的种子检验技术能力和水平。

65. 农业、林业主管部门依法履行种子监督检查职责时有权采取哪些措施？

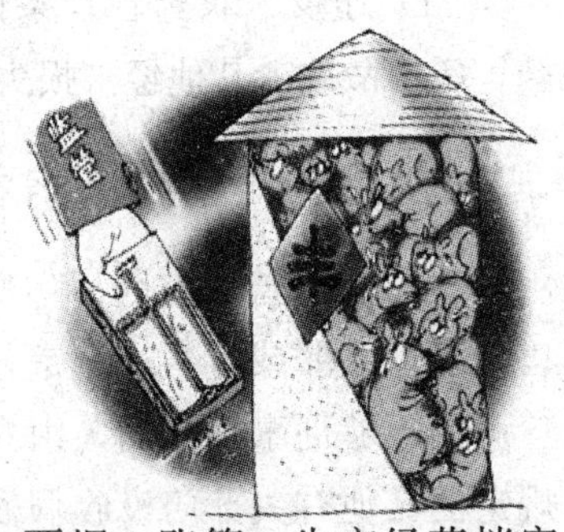

农业、林业主管部门是种子行政执法机关。种子执法人员依法执行公务时应当出示行政执法证件。农业、林业主管部门依法履行种子监督检查职责时，有权采取下列措施：（1）进入生产经营场所进行现场检查；（2）对种子进行取样测试、试验或者检验；（3）查阅、复制有关合同、票据、账簿、生产经营档案及其他有关资料；（4）查封、扣押有证据证明违法生产经营的种子，以及用于违法生产经营的工具、设备及运输工具等；（5）查封违法从事种子生产经营活动的场所。

农业、林业主管部门依照《种子法》的规定行使职权，当事人应当协助、配合，不得拒绝、阻挠。农业、林业主管部门所属的综合执法机构或者受其委托的种子管理机构，可以开展种子执法相关工作。

66. 法律对使用农药有哪些规定？违反法律规定将如何处理？

（1）使用农药应当遵守农药防毒规程，正确配药、施药，做

好废弃物处理和安全防护工作，防止农药污染环境和农药中毒事故。

（2）使用农药应当遵守国家有关农药安全、合理使用的规定，按照规定的用药量、用药次数、用药方法和安全间隔期施药，防止污染农副产品。剧毒、高毒农药不得用于防止卫生虫害，不得用于蔬菜、瓜果、茶叶和种草药材。

（3）使用农药应当注意保护环境、有益生物和珍稀物种。禁止使用农药毒鱼、虾、鸟、兽等。

（4）违反《农药管理条例》规定，造成农药中毒、环境污染、药害等事故或者其他经济损失的，应当依法赔偿。

67. 生产、经营假、劣农药的该如何处罚？

生产、经营假农药、劣质农药的，依照《刑法》关于生产、销售伪劣产品罪或者生产、销售伪劣农药罪的规定，依法追究刑事责任；尚不够刑事处罚的，由农业行政主管部门或者法律、行政法规规定的其他有关部门没收假农药、劣质农药和违法所得，并处违法所得1倍以上10倍以下的罚款；没有违法所得的，并处10万元以下的罚款；情节严重的，由农业行政主管部门吊销农药登记证或者农药临时登记证，由工业产品许可管理部门吊销农药生产许可证或者农药生产批准文件。

68. 农机补贴资金的使用应遵循什么原则？

《农业机械购置补贴专项资金使用管理暂行办法》第3条规定，补贴资金的使用应遵循公开、公正、农民直接受益的原则。

公开，指补贴政策、办法公开，补贴资金操作过程透明。通过公示、公布等多种形式使农民充分了解补贴政策等信息。

公正，指资金分配、补贴机具目录、补贴对象确定等全过程公正。按照事先公布的优先补贴条件，公正确定享受补贴的农民名单，并在县或乡镇范围内公示，接受监督。

农民直接受益，指保证补贴资金全部补贴到农民，做到资金到位，机具到位，服务到位，使补贴的农业机械切实在农业生产中发挥作用，确保农民受益。

69. 农机补贴的对象、标准和种类是怎么规定的？

（1）农机补贴对象是符合补贴条件的农民（农场职工）和直接从事农业生产的农机服务组织。

（2）中央财政资金的补贴标准：按不超过机具价格的30%进行补贴。

（3）补贴的农业机械应符合国家农业产业政策、农业可持续发展和环境保护的要求，且经农机鉴定机构检测合格。重点补贴：①大中型拖拉机等农用动力机械；②农田作业机具，主要包括：耕整、种植、植保、收获和秸秆还田等机具；③粮食及农副产品的产后处理机械；④秸秆、饲草加工处理及养殖机械。

70. 从事粮食收购活动的经营者应当具备哪些条件？

从事粮食收购活动的经营者，应当具备下列条件：（1）具备经营资金筹措能力；（2）拥有或者通过租借具有必要的粮食仓储设施；（3）具备相应的粮食质量检验和保管能力。

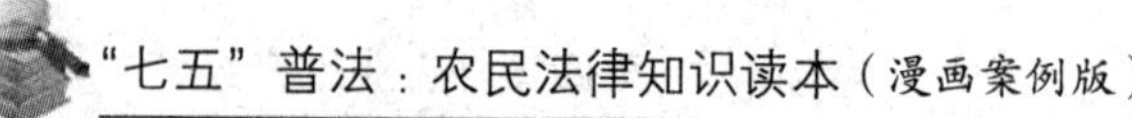

71. 收购粮食应遵守哪些规定？

粮食收购者收购粮食，应当执行国家粮食质量标准，按质论价，不得损害农民和其他粮食生产者的利益；应当及时向售粮者支付售粮款，不得拖欠；不得接受任何组织或者个人的委托代扣、代缴任何税、费和其他款项。

72. 从事粮食加工的经营者，不得有哪些行为？

从事食用粮食加工的经营者，应当具有保证粮食质量和卫生必备的加工条件，不得有下列行为：（1）使用发霉变质的原粮、副产品进行加工；（2）违反规定使用添加剂；（3）使用不符合质量、卫生标准的包装材料；（4）影响粮食质量、卫生的其他行为。

第五章 农村经济组织

73. 什么叫乡镇企业?

乡镇企业，是指农村集体经济组织或者农民投资为主，在乡镇（包括所辖村）举办的承担支援农业义务的各类企业。农村集体经济组织或者农民投资超过50%，或者虽不足50%，但能起到控股或者实际支配作用。乡镇企业是中国乡镇地区多形式、多层次、多门类、多渠道的合作企业和个体企业的统称。包括乡镇办企业、村办企业、农民联营的合作企业、其他形式的合作企业和个体企业五级。

74. 乡镇企业的财产权归谁所属?

农村集体经济组织投资设立的乡镇企业，其企业财产权属于设立该企业的全体农民集体所有。农村集体经济组织与其他企业、组织或者个人共同投资设立的乡镇企业，其企业财产权按照出资份额属于投资者所有。农民合伙或者单独投资设立的乡镇企业，其企业财产权属于投资者所有。

75. 哪些乡镇企业可以享受税收优惠?

国家对符合下列条件之一的中小型乡镇企业，根据不同情况实行一定期限的税收优惠：（1）集体所有制乡镇企业开办初期经营确有困难的；（2）设立在少数民族地区、边远地区和贫困地区的；（3）从事粮食、饲料、肉类的加工、贮存、运销经营的；（4）国家产业政策规定需要特殊扶持的。税收优惠的具体办法由国务院规定。

76. 乡镇企业停业、终止的，如何安排职工？

乡镇企业停业、终止，已经建立社会保险制度的，按照有关规定安排职工；依法订立劳动合同的，按照合同的约定办理。原属于农村集体经济组织的职工有权返回农村集体经济组织从事生产，或者由职工自谋职业。

77. 什么是农民专业合作社？

农民专业合作社是在农村家庭承包经营基础上，同类农产品的生产经营者或者同类农业生产经营服务的提供者、利用者，自愿联合、民主管理的互助性经济组织。

78. 设立农民专业合作社应当具备哪些条件？

设立农民专业合作社，应当具备下列条件：（1）有5名以上符合《农民专业合作法》第14、15条规定的成员；（2）有符合法律规定的章程；（3）有符合法律规定的组织机构；（4）有符合法律、行政法规规定的名称和章程确定的住所；（5）有符合章程规定的成员出资。

79. 农民专业合作社成员享有哪些基本权利？

农民专业合作社的成员享有下列权利：（1）参加成员大会，并享有表决权、选举权和被选举权，按照章程规定对本社实行民主管理；（2）利用

本社提供的服务和生产经营设施；（3）按照章程的规定或者成员大会决议分享盈余；（4）查阅本社的章程、成员名册、成员大会或者成员代表大会记录、理事会会议决议、监事会会议决议、财务会计报告和会计账簿；（5）合作社章程规定的其他权利。

80. 农民专业合作社成员有哪些义务？

农民专业合作社的成员有下列义务：（1）执行成员大会、成员代表大会和理事会的决议；（2）按照合作社章程规定向合作社出资；（3）按照合作社章程规定与本社进行交易；（4）按照合作社章程规定承担亏损；（5）合作社章程规定的其他义务。

81. 农民专业合作社合并或者分立后，债权和债务如何处理？

农民专业合作社合并，应当自合并决议作出之日起10日内通知债权人。合并各方的债权、债务应当由合并后存续或者新设的组织承继。农民专业合作社分立，其财产作相应的分割，并应当自分立决议作出之日起10日内通知债权人。分立前的债务由分立后的组织承担连带责任。但是，在分立前与债权人就债务清偿达成的书面协议另有约定的除外。

82. 支持农民专业合作社承担的涉农项目有哪些？

支持农民专业合作社承担的涉农项目主要包括：支持农业生产、农业基础设施建设、农业装备保障能力建设和农村社会事业发展的有关财政资金项目和中央预算内投资项目。凡适合农民专业合作社承担的，均应积极支持有条件的农民专业合作社承担。

83. 什么条件的农民专业合作社可以获得政府支持承担涉农项目？

涉农项目主管部门应当支持具备下列基本条件的农民专业合作

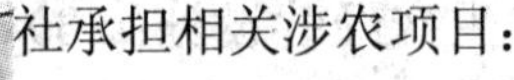

社承担相关涉农项目：

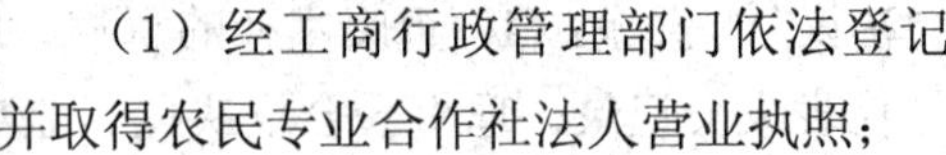

（1）经工商行政管理部门依法登记并取得农民专业合作社法人营业执照；

（2）有符合法律、法规规定的组织机构、章程和财务管理等制度；

（3）经营状况和信用记录良好；

（4）符合有关涉农项目管理办法（指南）规定的各项条件。

84.“农家乐”是什么经营性质？

随着我国经济社会的快速发展，“农家乐”作为一种新兴的乡村旅游业，越来越多地受到城乡居民的热情追捧和青睐，并已成为促进农业增效、农民增收、农村发展的一项重要新兴战略性产业。但是目前新兴农村生态旅游管理不规范，很多无证经营的“农家乐”不仅损害了游客的利益，还给农民和农村带来不好的影响，从而打击了这种乡村经济的发展。

毫无疑问，“农家乐”是经营行为，是村民小康致富的重要手段。根据《无照经营查处取缔办法》的规定，任何单位和个人不得违反法律、法规的规定，从事无照经营。由于“农家乐”多以家庭为单位，在自家房屋上或自家宅基地上建立营业场所经营，因此根据《个体工商户管理办法》第2条的规定，有经营能力的公民经工商行政管理部门登记，领取个体工商户营业执照，依法开展经营活动。

关于个体工商户的登记需要注意以下事项：

（1）个体工商户的登记事项包括：①经营者姓名和住所；②组成形式；③经营范围；④经营场所。个体工商户使用名称的，名称作为登记事项。

（2）经营者姓名和住所：指申请登记为个体工商户的公民姓名及其户籍所在地的详细住址。

（3）个体工商户组成形式，包括个人经营和家庭经营。家庭经营的，参加经营的家庭成员姓名应当同时备案。

（4）个体工商户的经营范围，是指个体工商户开展经营活动所属的行业类别。登记机关根据申请人申请，参照《国民经济行业分类》中的类别标准，登记个体工商户的经营范围。

（5）个体工商户的经营场所，是指个体工商户营业所在地的详细地址。个体工商户经登记机关登记的经营场所只能为一处。

85. 什么是村镇银行？

村镇银行，是指经中国银行业监督管理委员会依据有关法律、法规批准，由境内外金融机构、境内非金融机构企业法人、境内自然人出资，在农村地区设立的主要为当地农民、农业和农村经济发展提供金融服务的银行业金融机构。村镇银行的建立，有效地填补了农村地区金融服务的空白，增加了农村地区的金融支持力度。村镇银行不同于银行的分支机构，属一级法人机构。

86. 村镇银行可经营哪些业务？

《村镇银行管理暂行规定》第38条规定，经银监分局或所在城市银监局批准，村镇银行可经营下列业务：（1）吸收公众存款；（2）发放短期、中期和长期贷款；（3）办理国内结算；（4）办理票据承兑与贴现；（5）从事同业拆借；（6）从事银行卡业务；（7）代理发行、代理兑付、承销政府债券；（8）代理收付款项及代理保险业务；（9）经银行业监督管理机构批准的其他业务。

87. 什么是小额信用贷款？

农户小额信用贷款，是指农村信用社为了提高农村信用合作社

信贷服务水平，加大支农信贷投入，简化信用贷款手续，更好的发挥农村信用社在支持农民、农业和农村经济发展中的作用而开办的，基于农户的信誉，在核定的额度和期限内向农户发放的不需要抵押、担保的贷款。它适用的对象主要是从事农村土地耕作或者其他与农村经济发展有关的生产经营活动的农民、个体经营户等。

★以案释法

当前农村小额贷款涉诉案件有哪些法律问题

【案情介绍】在20世纪70年代中后期的孟加拉国开始小额信贷扶贫试验，现已经成为国际上小额信贷的主要模式之一。我国根据这种向贫困群体发放贷款的模式开始进行农村小额贷款的试点。到2012年为止，全国农村信用社已有6087万农户建立经济档案，有3276万农户评为信用农户，有37319个行政村评为信用村，有1560个乡镇评为信用乡镇。（合作金融机构监管司，农村信用社农户小额信用贷款报告）人民银行加大了安排支农再贷款额度，在支农再贷款的支持和引导下，农户小额信用贷款投入持续增加，解决了农户求贷难、金融机构放款难问题，确实为“三农”发展发挥了积极的促进作用。但是由于近年来的不合理发展，像经济结构面临转型、法律制度滞后等诸多因素的作用，抽样调查近来的案件，涉及农村合作银行有10余家支行，177案件中，调解撤诉结案的70%以上（均为约期还款），其中主动履行的30%，判决案件当中有约35%以上的是因被告去向不明，最终公告后以缺席判决的形式结案的。这些案件在执行阶段，仅有不到32%的被执行人自动履行还贷义务。

【案例评析】由于以上的现象对农村经济的健康发展造成了巨大

的破坏，因此法律也对此种不良信用的现象予以了严厉的惩治。通过这些现象，我们不难发现一些背后的法律及社会的原因：

（1）“垒大户”现象较为突出。因个人信用贷款数额有限，一些农民便以自己、亲戚朋友或邻里名义申请贷款，归其一人使用（即“垒大户”）。信贷员明知实情，但只要形式合乎规定，则听之任之，有的还帮助促成。贷款到期后，名义上的借款人不可能替其还贷，而真正的贷款使用人很多无法及时还贷，借款人和实际使用人之间产生矛盾，而法院只能判决立据人还钱。此类情况比较普遍。有的借款人利用他人名义，甚至虚列借款担保人，贷款累计达几十万元。贷款到期后不能还款，便与信贷员商量以贷还贷，几年下来欠银行多达200余万元到期贷款。据承办法官调查当地村民，借款人和信贷员关系密切，如信贷员家中小孩过生日，出礼最多、最重的就是信贷借款人，社会反响强烈，令人怀疑其中存在非法利益关系，经群众举报，结合法院在办案中所发现的线索，借款人和信贷员均已被司法机关立案查处，其中3名借款人因涉嫌诈骗追究刑事责任、2名信贷员因涉嫌在违规发放贷款和受取贿赂而被追究刑事责任，其中最重的被判处8年有期徒刑，另有多名农合银行的工作人员受到内部处分。

（2）借款人互相担保，连环担保。如果其中有一个人没能按时还贷或没有偿还能力了，其他有偿还能力的借款人担心吃亏也不愿意还贷，不仅影响其他的贷款安全，而且容易形成恶性循环。其中多个案件借款人互相借款担保，开庭时都向法院要求合并处理。但到期后，借款人均没有还款，究其原因，就是因为其中一人的3万元借款没有能力清偿，其他借款人也都不愿意还贷，这些案件审结后均只能依靠强制执行追回贷款。

（3）借贷还贷，借新还旧现象比较严重。因贷款期限较短，农合银行也默认可以以贷还贷，法律也不禁止，所以诉讼案件中有相当一部分是立据还贷（占73%以上）。因为银行每年要考核贷款质量，并且和银行及信贷员的收入奖金挂钩，所以信贷员将以贷还贷作为延长贷款期限的"正常手段"，往往导致的后果就是陈账不还，新账又添，本息累加产生"滚雪团"效应，越滚越大，而借款人早已丧失偿还能力，最终形成实际上的坏账、烂账，只好付诸法律来解决。

（4）骗保现象屡见不鲜。因为上述案件借款人和担保人均是普通村民，文化水平、法律意识比较低，更缺乏一定的社会阅历，还有的甚至认为人家找自己担保是看得起自己，在没有弄明白意思、更不知道后果的情况下即签名捺印成为担保人。特别是在以贷还贷中，原贷款担保人外出或不愿担保了，借款人无力还款，信贷员因为担心贷款逾期影响考核，有时就只好采取一些不正当的手段来蒙混过关。法院审理的以贷还贷案件中就有很典型的例子：贷款到期了，借款人没有钱还，原担保人外出了，以贷还贷还需要担保人签字，借款人便找到一个60多岁不识字且身患癌症、家庭经济非常困难的邻居说：借银行2000块钱，请你签个字证明一下，和你没有关系的，信贷员也一起证明没有关系的。邻居说我不识字，借款人便拿握着邻居的手写签名，担保人的印章也是借款人刻了盖上的。开庭时担保人亲属发现上当后十分气愤，和借款人及信贷员纠缠吵骂不休，并因此形成信访。还有一些农村干部，所在村的村民想申请贷款，因为村干部经济条件比较好，信贷员都让借款人找村干部担保，村干部或是出于为村民致富做实事的初衷，或是碍于情面，都爽快签名担保，最终陷入骗保圈套。

88. 民间借贷须注意哪些事项？

（1）借贷要合法。合法的借贷关系才能受到法律的保护。如果明知借款人借款用于诈骗、贩毒、吸毒等非法活动，仍予以出借的，国家法律不予保护，出借人不仅得不到债权，还会受到民事、行政乃至刑事法律的制裁。若一方乘人之危，或用欺诈、胁迫等手段使对方违心借贷的，则属于可变更、可撤销民事法律行为，有责任的

出借人只能收回本金。

（2）订立协议。基于交易安全，出借人必须与借款人订立书面借贷协议，载明借贷双方的姓名、借款种类、币种、数额、时间、期限、用途、利率、还款方式、保证人和违约责任等条款，签字画押，双方各执一份，妥善保存。

（3）利率应合法。借贷双方约定的利率未超过年利率 24%，出借人请求借款人按照约定的利率支付利息的，人民法院应予支持。借贷双方约定的利率超过年利率 36%，超过部分的利息约定无效。借款人请求出借人返还已支付的超过年利率 36% 部分的利息的，人民法院应予支持。

（4）及时催收。按照《民法通则》第 135 条规定，出借人向人民法院申请债权保护的诉讼时效期间为 2 年。如借款期满后又经过 2 年，出借人不能证实期间曾经催收过的，法律不予保护。

★以案释法

民间借贷利率有何新办法

【案情介绍】宋某与焦某经营发廊时认识。2014 年的一天，宋某向焦某出具借条，分别借款 30 万元和 10 万元，通过汇款形式支付，汇款金额分别为 27.6 万元和 9.2 万元。宋某于次年 3 月 19 日起陆续归还合计 5.8 万元。1 月 22 日，宋某向焦某出具借条，借款 90 万元，约定还款期限为 6 月 22 日。后焦某起诉要求宋某归还欠款 90 万元。宋某主张 90 万元系高利贷，双方约定了月息 8%，30 万元和 10 万元分别预扣了一个月的利息。90 万元系之前两笔本金 40 万元按月息 8% 计算，利息为 50 万，合计正好 90 万元。法院审理后认为，银行汇款 36.8 万元以及宋某每个月归还的数额、90 万元的构成均与宋某主张的 8% 月息相吻合，而焦某没有证据证明支付 90 万元，且无合理理由。

【案例评析】民间借贷案件中，高利贷现象较为普遍，约定的利率往往高于法律规定。对此根据最新司法解释（即《最高人民法院关于审理民间借贷案件适用法律若干问题的规定》），以年利率24%和36%为"两限"：24%以下的利息都保护；超过24%不到36%的部分看作自然债务，给了的不用还，没给的不能再要；超过36%的部分一律不保护，给了的要返还。因此法院对于焦某的请求不予支持。出借人不得预先扣除利息，预先扣除利息的，以实际出借数额计算本金。对于借款本金数额的确定，不能单单依据借条认定，而应综合全案证据和事实进行分析判断。如果债权人不能提供证据证明交付事实，且不能就借款发生的具体情况作出合理说明的，对其请求不予支持。

89. 提前还款是否违约？

在借款合同中，人们都知道借款人不还款是违约行为，实际上，提前还款也构成违约。在债务人与债权人约定好了还款期限的情况下，债务人可能在债务未到期的情况下，要求提前偿还借款。这种情况下，作为债权人没有必要拒绝接受还款的，如果造成利息上的一定损失，债权人可以要求债务人按照约定期限，计算利息，并一同偿还利息。债权人要求债务人提前还款的，债务人可以拒绝；如果债务人愿意提前偿还的，可以只支付实际借款期限内的利息。《合同法》第208条规定，借款人提前偿还借款的，除当事人另有约定的以外，应当按照实际借款期间计算利息。但是，借款人提前还款以及利息的计算问题需要双方在签订协议时就说清楚。此外，《合同法》第211条第1款规定，自然人之间的借款合同对支付利息没有约定或者约定不明确的，视为不付利息。这一规定自然对出借人不利，也容易使出借双方产生矛盾。因此，民间借贷对是否支付利息、利率具体多少等问题都必须清楚地写在协议中。

第六章　婚姻家庭与继承

90. 结婚的法定年龄是多少？

《婚姻法》第 6 条规定，结婚年龄，男不得早于 22 周岁，女不得早于 20 周岁。晚婚晚育应予鼓励。

91. 哪些法定情形禁止结婚？

《婚姻法》第 7 条规定，有下列情形之一的，禁止结婚：（1）直系血亲和三代以内旁系血亲；（2）患有医学上认为不应当结婚的疾病。

92. 结婚登记可以由别人代办吗？

不能。《婚姻法》第 8 条规定，要求结婚的男女双方必须亲自到婚姻登记机关进行结婚登记。符合本法规定的，予以登记，发给结婚证。取得结婚证，即确立夫妻关系。未办理结婚登记的，应当补办登记。

93. 哪些情形下婚姻无效？

《婚姻法》第 10 条规定，有下列情形之一的，婚姻无效：（1）重婚的；（2）有禁止结婚的亲属关系的；（3）婚前患有医学上认为不应当结婚的疾病，婚后尚未治愈的；（4）未达到法定婚龄的。

★以案释法

姨表兄妹结婚，法院判决婚姻无效

【案情介绍】李某（男）与孙某（女）均已达到法定婚龄，双方的母亲是姐妹，二人于2012年5月发生两性关系导致孙某怀孕，在父母的敦促下，于同年12月隐瞒姨表兄妹关系，办理了结婚登记，并于2013年2月生下一个女儿。2013年5月，李某的奶奶向人民法院提请要求宣告李与孙的婚姻关系无效。经审理，查实双方确系禁止结婚的亲属，且均不愿意抚养女儿。人民法院随即判决双方婚姻关系无效，其女儿由孙某抚养，李某承担部分抚养费用。孙某不服，提出上诉，认为：第一，李某的奶奶无权提出宣告婚姻无效的诉请；第二，人民法院审理中未进行调解即宣告婚姻无效，违反法定程序；第三，为了保护女方权益，即使婚姻无效，双方所生女儿也应由男方抚养。

【案例评析】孙某提出的上诉主张是得不到法院支持的。理由如下：(1) 按照最高人民法院的司法解释，有权依据婚姻法的规定向人民法院就已办理结婚登记的婚姻申请宣告婚姻无效的主体，包括婚姻当事人和利害关系人。以有禁止结婚的亲属关系为由申请宣告婚姻无效的，利害关系人是当事人的近亲属。李某的奶奶属于李某的近亲属，因此有权向人民法院提出宣告李与孙婚姻无效的申请。(2) 按照最高人民法院的司法解释，人民法院审理宣告婚姻无效案件，对婚姻效力的审理不适用调解，应当依法作出判决；有关婚姻效力的判决一经作出，即发生法律效力。本案一审法院对婚姻效力问题不作调解是有充分根据的。(3) 由于当事双方均不愿意作为他们女儿的直接抚养方，一审法院根据《婚姻法》关于"离婚后，哺乳期内的子女，以随哺乳的母亲抚养为原则"的规定，判决归孙某抚养，李某承担部分抚养费用，于法有据，也有利于其女儿的成长。

94. 夫妻在婚姻关系存续期间，哪些财产属于共同所有？

夫妻在婚姻关系存续期间所得的下列财产，归夫妻共同所有：（1）工资、奖金；（2）生产、经营的收益；（3）知识产权的收益；（4）继承或赠与所得的财产，但遗嘱或赠与合同中确定归夫或妻一方的财产除外；（5）其他应当归共同所有的财产。

而其他应当共有的财产，则根据《最高人民法院关于适用〈中华人民共和国婚姻法〉若干问题的解释（二）》第11条规定，婚姻关系存续期间，下列财产属于《婚姻法》第17条规定的“其他应当归共同所有的财产”：（1）一方以个人财产投资取得的收益；（2）男女双方实际取得或者应当取得的住房补贴、住房公积金；（3）男女双方实际取得或者应当取得的养老保险金、破产安置补偿费。

95. 哪些情形下导致的离婚，无过错方有权请求损害赔偿？

下列情形导致离婚的，无过错方有权请求损害赔偿：（1）重婚的；（2）有配偶者与他人同居的；（3）实施家庭暴力的；（4）虐待、遗弃家庭成员的。

96. 有权申请婚姻无效的利害关系人有哪些？

《最高人民法院关于适用〈中华人民共和国婚姻法〉若干问题的解释（一）》第7条规定，有权依据《婚姻法》第10条规定向人民法院就已办理结婚登记的婚姻申请宣告婚姻无效的主体，包括婚姻当事人及利害关系人。利害关系人包括：（1）以重婚为由申请宣告婚姻无效的，为当事人的近亲属及基层组织；（2）以未到法定婚龄为由申请宣告婚姻无效的，为未达法定婚龄者的近亲属；（3）以有禁止结婚的亲属关系为由申请宣告婚姻无效的，为当事人的近亲属；（4）以婚前患有医学上认为不应当结婚的疾病，婚后尚未治愈为由申请宣告婚姻无效的，为与患者共同生活的近亲属。

97. 夫或妻对夫妻共同所有的财产有平等的处理权应如何理解？

《最高人民法院关于适用〈中华人民共和国婚姻法〉若干问题的解释（一）》第17条规定，婚姻法第关于“夫或妻对夫妻共同所有的财产，有平等的处理权”的规定，应当理解为：（1）夫或妻在处理夫妻共同财产上的权利是平等的。因日常生活需要而处理夫妻共同财产的，任何一方均有权决定。（2）夫或妻非因日常生活需要对夫妻共同财产做重要处理决定，夫妻双方应当平等协商，取得一致意见。他人有理由相信其为夫妻双方共同意思表示的，另一方不得以不同意或不知道为由对抗善意第三人。

98. 夫妻双方对共同财产中的房屋价值及归属无法达成协议时，该如何处理？

《最高人民法院关于适用〈中华人民共和国婚姻法〉若干问题的解释（二）》第20条规定，双方对夫妻共同财产中的房屋价值及归属无法达成协议时，人民法院按以下情形分别处理：（1）双方均主张房屋所有权并且同意竞价取得的，应当准许；（2）一方主张房屋所有权的，由评估机构按市场价格对房屋作出评估，取得房屋所有权的一方应当给予另一方相应的补偿；（3）双方均不主张房屋所有权的，根据当事人的申请拍卖房屋，就所得价款进行分割。

99. 婚后由一方父母出资购买的不动产，登记在一方名下的该归属于谁？

《最高人民法院关于适用〈中华人民共和国婚姻法〉若干问题的解释（三）》第7条规定，婚后由一方父母出资为子女购买的不动产，产权登记在出资人子女名下的，可按照《婚姻法》第18条第3项的规定，视为只对自己子女一方的赠与，该不动产应认定为夫妻一方的个人财产。《婚姻法》第18条第3项规定，遗嘱或赠与合同

中确定只归夫或妻一方的财产，为夫妻一方的财产。

100. 法律是如何规定孙子女、外孙子女和祖父母、外祖父母之间的相互义务的？

有负担能力的祖父母、外祖父母，对于父母已经死亡或父母无力抚养的未成年的孙子女、外孙子女，有抚养的义务。最高人民法院《关于贯彻执行民事政策法律若干问题的意见》中也明确指出，有负担能力的祖父母、外祖父母，对于父母已经死亡，或者父母一方死亡，另一方确无能力抚养或者父母均丧失抚养能力的未成年的孙子女、外孙子女有抚养的义务。

同时法律还规定有负担能力的孙子女、外孙子女，对于子女已经死亡或子女无力赡养的祖父母、外祖父母，有赡养的义务。最高人民法院《关于贯彻执行民事政策法律若干问题的意见》中也明确指出，有负担能力的孙子女、外孙子女，对于子女已经死亡或者子女确实无力赡养的祖父母、外祖父母，有赡养的义务。

★以案释法

免除某一子女的赡养义务的约定无效

【案情介绍】张某与其丈夫郭某共育有三个子女，即长子郭甲，次子郭乙，小女儿郭丙。1989年4月25日，郭某与长子郭甲、次子郭乙签订了分家协议，就赡养问题做了如下约定：(1) 长子郭甲扶养母亲，次子郭乙扶养父亲。(2) 父母在60岁以前，哥俩每人每月给零花钱5元，60岁以后每人每月给10元。郭某于2010年8月去世后，次子郭乙对郭某进行了安葬，此后母亲张某独自生活。2014年10月14日，张某将三名子女起诉至人民法院，要求随次子郭乙生活，长子郭甲给付赡养费1000元，其他二子女给付赡养费各500元。医药费由三子女共同承担。

法庭审理过程中，长子郭甲称自己一直以来赡养母亲，并承担过高赡养费；次子郭乙称分家时约定母亲由长子郭甲扶养，父亲由自己扶养，自己已经按照约定赡养了父亲，并对父亲进行了安葬，无法接受再与长子郭甲承担同样的责任；小女儿郭丙称自己并未在赡养协议里载明有责任。

【案例评析】我国《婚姻法》第21条第3款规定，子女不履行赡养义务时，无劳动能力的或生活困难的父母，有要求子女付给赡养费的权利。原告现已年迈，且体弱多病，丧失了劳动能力，确实需要子女赡养，其子女均有赡养原告的义务。

诚然，在多子女的家庭，在父母不反对的情况下，签订赡养协议分工赡养父母是合理合法的，法律上也是允许的。我国《老年人权益保障法》第20条规定，经老年人同意，赡养人之间可以就履行赡养义务签订协议。赡养协议的内容不得违反法律的规定和老年人的意愿。但是，如果客观情况发生变化，比如某位子女明显没有能力赡养好父或母，如果父或母提出赡养要求，其他子女无法免除。这也是《婚姻法》第21条第3款规定的题中之义，因为赡养义务是强制性的法定义务。

现实中，很多子女之间签订赡养协议时，仍然有封建思想，尤其是农村地区，如"嫁出去的女，泼出去的水""出嫁女无赡养父母的义务"，女儿对父母的赡养义务被人为地免除。但从法律上讲，子女对父母均有赡养义务，女儿不论出嫁与否都与父母存在法律上的赡养关系，不因任何原因而免除。而对于赡养协议中免除次子郭乙对母亲的赡养义务，属于约定免除了次子郭乙对母亲的法定义务，应属无效约定。故对原告要求三子女均需履行赡养义务的诉讼请求应当支持。

就张某的居住和日常照料问题，张某表示愿意随次子郭乙生活，而次子郭乙也表示同意，尊重当事人的意见。就赡养费的数额和医药费负担比例问题，考虑到次子郭乙已经履行了对父亲全部的赡养义务，长子郭甲应当多承担赡养费，体现法律与人情兼顾，也能更好促进家庭关系的和谐。

101. 离婚诉讼可以由他人代理或缺席判决吗？

离婚案件属于解除夫妻身份关系案件，有其自身的特殊性。根据身份关系不得代理的原则，离婚诉讼只能由婚姻当事人本人亲为（无民事行为能力人除外）。因此，离婚案件能否适用缺席判决，法律有明确规定。根据《民事诉讼法》第 62 条规定，离婚案件有诉讼代理人的，本人除不能表达意志的以外，仍应出庭；确因特殊情况无法出庭的，必须向人民法院提交书面意见。最高人民法院《关于适用〈中华人民共和国民事诉讼法〉若干问题的意见》第 151 条规定，夫妻一方下落不明，另一方诉至人民法院，只要求离婚，不申请宣告下落不明人失踪或死亡的案件，人民法院应当受理，对下落不明人用公告送达诉讼文书。第 157 条规定，无民事行为能力人的离婚诉讼，当事人的法定代理人应当到庭，法定代理人不能到庭的，人民法院应当在查清事实的基础上，依法作出判决。《最高人民法院关于适用〈中华人民共和国婚姻法〉若干为题的解释（三）》尢民事行为能力人的配偶有虐待、遗弃等严重损害无民事行为能力一方的人身权利或者财产权益行为，其他有监护资格的人可以依照特别程序要求变更监护关系；变更后的监护人代理无民事行为能力一方提起离婚诉讼的，人民法院应予受理。除上述情况之外，其他离婚案件一般不得适用缺席判决。

102. 离婚时婚姻关系存续期间继承遗产尚未分割的该如何处理？

《最高人民法院关于适用〈中华人民共和国婚姻法〉若干问题的

解释（三）》第15条规定，婚姻关系存续期间，夫妻一方作为继承人依法可以继承的遗产，在继承人之间尚未实际分割，起诉离婚时另一方请求分割的，人民法院应当告知当事人在继承人之间实际分割遗产后另行起诉。

103. 离婚时一方隐匿夫妻共同财产，离婚后一方发现后该如何处理？

《最高人民法院关于适用〈中华人民共和国婚姻法〉若干问题的解释（三）》第18条规定，离婚后，一方以尚有夫妻共同财产未处理为由向人民法院起诉请求分割的，经审查该财产确属离婚时未涉及的夫妻共同财产，人民法院应当依法予以分割。

★以案释法

离婚后要求财产分割

【案情介绍】章某于2005年到南方某省打工，2008年底，章某所打工的企业因一起经济纠纷，1年多没给工人发工资，章某便辞工回家。2010年2月，章某与阿丽结婚，2011年，章某又跑到南方某省与他人合资办了一个公司，因流动资金吃紧，章某见挣钱无望，便把公司交给合伙人，回到家分文没给妻子带回来，2014年7月两人经法院调解离婚。后来，阿丽得知章某有两笔款，一是2010年6月企业给章某补发的2万元工资；二是2014年10月合伙人把合办的公司卖掉，章某分得10万元，她认为，自己有权分割这两笔钱，便起诉到法院，而章某坚决不让分割。经法院审理认定，第一笔钱虽是婚后所得，但是婚前挣来的，应属章某个人财产，不能分割；第二笔钱虽是离婚后所得，但却是他们婚姻存续期间应该享受和得到的财产权利，因此，法院把第二笔款进行分割，两人各得5万元。

【案例分析】夫妻一方就离婚协议中财产分割部分反悔而起诉

的，根据《最高人民法院关于适用〈中华人民共和国婚姻法〉若干问题的解释（二）》第9条第1款的规定，男女双方协议离婚后1年内就财产分割问题反悔，请求变更或者撤销财产分割协议的，人民法院应当受理。所以，法院对1年内就离婚协议中财产分割部分反悔而起诉的情况是予以受理的。但是，本条第2款规定，人民法院审理后，未发现订立财产分割协议时存在欺诈、胁迫等情形的，应当依法驳回当事人的诉讼请求。也就是说，法院对于当事人提起的离婚后财产重新分割的诉讼，到底是否重新进行财产分割，还要看双方在签订离婚协议时，是否存在欺诈、胁迫等情形。

分割夫妻共同财产的原则。一是男女平等；二是照顾子女和女方；三是照顾困难一方和无过错一方利益；四是对尽家庭义务和协助另一方工作付出义务较多的一方予以补偿；五是约定优先于法定；六是方便生产、生活、学习和工作，有利于发挥财产价值；七是不违反国家法律和社会公德，不侵犯国家、集体和第三人财产利益的原则。

104. 离婚后未成年子女由谁抚养？

离婚后哺乳期内的子女，以随哺乳的母亲抚养为原则。哺乳期后的子女，如双方因抚养问题发生争执不能达成协议时，由人民法院根据子女的权益和双方的具体情况判决。

105. 对遗弃家庭成员的行为如何处理？

《婚姻法》第44条规定，对遗弃家庭成员，受害人有权提出请求，居民委员会、村民委员会以及所在单位应当予以劝阻、调解。对遗弃家庭成员，受害人提出请求的，人民法院应当依法作出支付扶养费、抚养费、赡养费的判决。《婚姻法》第45条规定，对遗弃家庭成员构成犯罪的，依法追究刑事责任。受害人可以依照《刑事诉讼法》的有关规定，向人民法院自诉；公安机关应当依法侦查，人民检察院应当依法提起公诉。

106. 继承遗产的顺序是怎样的？

遗产按照下列顺序继承：第一顺序：配偶、子女、父母。第二顺序：兄弟姐妹、祖父母、外祖父母。继承开始由第一顺序继承人继承，第二顺序继承人不继承。没有第一顺序继承人的，由第二顺序继承人继承。《继承法》所说的子女包括婚生子女、非婚生子女、养子女和有扶养关系的继子女；所说的父母，包括生父母、养父母和有扶养关系的继父母；所说的兄弟姐妹，包括同父母的兄弟姐妹、同父异母或同母异父的兄弟姐妹、养兄弟姐妹、有扶养关系的继兄弟姐妹。

107. 非婚生子女可以继承生父母的遗产吗？

根据《婚姻法》第10条规定，第一继承顺序中的子女范围包括非婚生子女。即是说，非婚生子女与婚生子女一样，在继承时完全享有相同的权利和义务。

108. 胎儿可以参与分割遗产吗？

遗产分割时，应当保留胎儿的继承份额。胎儿出生时是死体的，保留的份额按法定继承办理。

109. 哪些继承人会丧失继承权？

继承人有下列行为之一的，丧失继承权：（1）故意杀害被继承人的；（2）为争夺遗产而杀害其他继承人的；（3）遗弃被继承人，或者虐待被继承人情节严重的；（4）伪造、篡改或者销毁遗嘱，情节严重的。

110. 法律对妇女在遗产继承方面有何规定？

《妇女权益保障法》第34条规定，妇女享有的与男子平等的财产继承权受法律保护。在同一顺序法定继承人中，不得歧视妇女。丧偶妇女有权处分继承的财产，任何人不得干涉。

此外，对于丧偶又继续尽孝男方父母的妇女，法律在继承方面给予了特殊的保护。该法第35条明确规定，丧偶妇女对公、婆尽了主要赡养义务的，作为公、婆的第一顺序法定继承人，其继承权不受子女代位继承的影响。

111. 遭遇到家暴后怎么办？

家庭暴力受害人及其法定代理人、近亲属可以向加害人或者受害人所在单位、居民委员会、村民委员会、妇女联合会等单位投诉、反映或者求助。有关单位接到家庭暴力投诉、反映或者求助后，应当给予帮助、处理。家庭暴力受害人及其法定代理人、近亲属也可以向公安机关报案或者依法向人民法院起诉。单位、个人发现正在发生的家庭暴力行为，有权及时劝阻。

当事人因遭受家庭暴力或者面临家庭暴力的现实危险，向人民法院申请人身安全保护令的，人民法院应当受理。当事人是无民事行为能力人、限制民事行为能力人，或者因受到强制、威吓等原因无法申请人身安全保护令的，其近亲属、公安机关、妇女联合会、居民委员会、村民委员会、救助管理机构可以代为申请。

申请人身安全保护令应当以书面方式提出；书面申请确有困难的，可以口头申请，由人民法院记入笔录。人身安全保护令案件由申请人或者被申请人居住地、家庭暴力发生地的基层人民法院管辖。

法院作出人身安全保护令，应当具备下列条件：（1）有明确的被申请人；（2）有具体的请求；（3）有遭受家庭暴力或者面临家庭暴力现实危险的情形。

人民法院受理申请后，应当在72小时内作出人身安全保护令或者驳回申请；情况紧急的，应当在24小时内作出。

★以案释法

反对家庭暴力，依法保护妇女的合法权益

【案情介绍】王某与江某系经人介绍相识并登记结婚，婚后无子女。由于双方相识时间短，相互了解较少，结婚较为仓促，感情基础薄弱。婚后由于江某酗酒，对王某有家庭暴力，经常因为生活琐事对王某拳脚相加。2012年，江某无缘无故将原告毒打一顿并致其离家出走。后王某提起离婚诉讼，要求判决：（1）解除双方的婚姻关系；（2）江某给付精神损失费5万元；（3）依法分割共同财产。该案诉讼费由江某承担。王某提供江某书写的协议书及相关证人证明在婚姻存续期间江某对其施加家庭暴力。

人民法院认为，男女一方要求离婚的，可向法院提起诉讼，如感情确已破裂，应当准予离婚。该案中，双方均同意离婚，表明双方感情已彻底破裂，故对王某要求离婚的诉讼请求，法院予以准许。王某要求江某支付精神损害赔偿金的诉讼请求，因江某在婚姻存续期间，确实存在家庭暴力情形，法院予以支持，具体数额由法院依法予以酌定。为此，法院判决王某与江某离婚（财产分割略），并由江某支付王某精神损害赔偿金。

【案例分析】夫妻应当互敬互爱，和睦相处，但遗憾的是，夫妻之间实施暴力给其中一方造成人身伤害和精神痛苦的现象仍然存在，家庭暴力问题作为离婚案件的重要诱因，仍然在很大程度上影响着家庭的稳定与和谐。家庭暴力，是指行为人以殴打、捆绑、残害、强行限制人身自由或者其他手段，给其家庭成员的身体、精神等方面造成一定伤害后果的行为。持续性、经常性的家庭暴力，构成虐待。根据北京法院对东城法院、丰台法院、通州法院结案的离婚案

件抽样统计显示，涉家庭暴力类的离婚案件占选取离婚案件总数的9%，数量比例虽不高，但涉家暴案件大多矛盾激烈、调解率低、最终离异率高。我国婚姻法明确禁止家庭暴力，规定配偶一方对另一方实施家庭暴力，经调解无效的应准予离婚，因实施家庭暴力导致离婚的，无过错方在离婚时有权请求损害赔偿。2015 年全国人大审议通过的《反家庭暴力法》也通过规定了一系列制度安排，以期保护家庭中的弱势群体，对家庭暴力行为进行遏制。本案就是典型的因家庭暴力导致离婚的案件，人民法院依法支持无过错方的离婚请求和赔偿请求，对于家庭暴力这样违反法律和社会主义道德的行为，旗帜鲜明地给予否定性评价。

第七章 农村环境与资源保护

112. 环境污染包括哪些方面？目前农村环境污染主要有哪些？

环境污染包括大气污染、水污染、土壤污染、固体废弃物污染、噪声污染、放射性污染、海洋污染等。目前农村环境污染主要有滥用农药，导致水污染；工厂的“三废”，导致大气污染、水污染、固体废弃物污染，农民的生活垃圾乱扔乱丢导致的环境污染。

113. 化工厂私自在村子旁边建仓库大量储存农药废物的行为是否违法？

如果化工厂及其他任何单位在村子旁边储存大量的农药废物或者其他危险废物，村民有权让化工厂出示县级以上部门出具的经营许可证。如果没有经营许可证就不符合储存标准，不具备储存条件，可以向环保部门反映情况。根据《固体废物污染环境防治法》第57条规定，从事收集、贮存、处置危险废物经营活动的单位，必须向县级以上人民政府环境保护行政主管部门申请领取经营许可证；从事利用危险废物经营活动的单位，必须向国务院环境保护行政主管部门或者省、自治区、直辖市人民政府环境保护行政主管部门申请领取经营许可证。具体管理办法由国务院规定。禁止无经营许可证或者不按照经营许可证规定从事危险废物收集、贮存、利用、处置

的经营活动。禁止将危险废物提供或者委托给无经营许可证的单位从事收集、贮存、利用、处置的经营活动。

114. 村养殖场对村周围环境造成污染，村民应该怎么办？

农村养殖由于技术管理以及环境设备等因素，对于动物的粪便等排泄物的处理并不规范合理，经常出现臭气熏天，苍蝇乱飞的情况，给周围的村民生活造成了严重影响。目前我国法律没有关于畜禽饲养场污染环境属于何种污染性质问题的明确规定。但是，《大气污染防治法》第75条规定，畜禽养殖场、养殖小区应当及时对污水、畜禽粪便和尸体等进行收集、贮存、清运和无害化处理，防止排放恶臭气体。该条明确规定养殖产生的恶臭气体的责任主体。根据这条规定，村中养殖场有义务防止其活动造成周围居民污染。受影响的村民可以请求环保部门处理，也可以直接向人民法院起诉，要求村中养殖场经营人排除污染危害，受到损失的还可以要求赔偿。

★以案释法

证照齐全的餐馆扰民，村民该怎么办

【案情介绍】村民居住区开了一家小餐馆，每天都会发出巨大的噪音，晚上食客的喧哗声也吵得村民们无法入睡。村民们到村委会投诉，但村委会称餐馆证照齐全，他们无权干涉。难道村民们只能被餐馆继续骚扰吗？

【案例评析】村中餐馆与其他邻居构成了法律上的相邻关系，对相邻关系的处理，我国《民法通则》第83条明确规定。不动产的相邻各方，应当按照有利生产、方便生活，团结互助、公平合理的精神，正确处理截水、排水、通行、通风、采光等方面的相邻关系。给相邻方造成妨碍或者损失的，应当停止损害，排除妨碍，赔偿损失。虽然村中餐馆证照齐全，但如果它制造的噪音已给村民带来严

重影响，村民可以向环保部门投诉，由环保部门来检测该噪音是否超标，并根据结果进行处理。如果仍不能解决问题，受影响的村民可以向法院起诉，要求餐馆经营者停止此种扰民的经营行为。

115. 造成农村水污染的原因有哪些？应当怎样防治农村水污染？

我国农村主要水污染是由于近年来大量不当使用农药、集约化禽畜养殖和乡镇企业超标排放工业废水造成的。要想对农村的水污染进行有效的治理，应当采取以下措施：（1）合法合规使用农药，应当符合国家有关农药安全使用的规定和标准；（2）畜禽养殖场、养殖小区应建设畜禽粪便、废水的综合利用或者无害化处理设施；（3）向农田灌溉渠道排放工业废水和城镇污水，应当保证其下游最近的灌溉取水点的水质符合农田灌溉水质标准。

★以案释法

水环境污染造成村民中毒，应如何处理

【案情介绍】村民何某从某工厂购回一批装白砒灰的塑料编织袋，加价后卖给村民秦某。秦某随即请来帮工将袋子在村里的小河中漂洗。袋中的白砒灰随之进入空气和水中，造成村民9人不同程度砷中毒。

【案例评析】我国《水污染防治法》第29条规定，禁止在水体清洗装贮过油类或者有毒污染物的车辆和容器。显然，本案中的塑料编织袋属于装贮过有毒污染物的容器。根据我国《环境保护法》

的有关规定，违反法律规定，造成重大环境污染事故，导致公私财产重大损失或者人身伤亡的严重后果构成犯罪的，对直接责任人员依法追究刑事责任。根据此规定，何某、秦某应当负环境刑事责任，即在重大环境事故中单位或个人因违反环境保护法律规范，严重破坏环境资源与生态，导致严重环境污染，造成或者可能造成公私财产重大损失或者人身伤亡的严重后果，构成犯罪所应负的刑事方面的法律责任。

116. 畜禽水产养殖污染的防治方法有哪些？

第一，科学划定禁养、限养区域，改变人畜混居现象，改善农民生活环境。第二，各地要结合实际，确定时限，限期关闭、搬迁禁养区内的畜禽养殖场。新建、改建、扩建规模化畜禽养殖场必须严格执行环境影响评价和“三同时”制度，确保污染物达标排放。第三，对现有不能达标排放的规模化畜禽养殖场实行限期治理，逾期未完成治理任务的，责令其停产整治。第四，农民要发展生态养殖场和养殖小区建设，通过发展沼气、生产有机肥等综合利用方式，实现养殖废弃物的减量化、资源化、无害化。第五，依据土地消纳能力，进行畜禽粪便还田。第六，根据水质要求和水体承载能力，确定水产养殖的种类、数量，合理控制水库、湖泊网箱养殖规模，坚决禁止化肥养鱼。

★以案释法

新建、改建和扩建畜禽养殖场必须依法进行环境影响评价

【案情介绍】某新农村合作社自 2004 年正式投入生猪养殖起，常年存栏量 500 头以上。在一直未办理环保审批手续、配套环保设施未经环保部门验收、未取得排污许可证的情况下，新农村合作社将部分生猪养殖产生的废渣、废水直接排放至水库。

2014年12月，某市环境保护局经现场调查、送达违法排放限期改正通知书、行政处罚听证告知书后，作出责令该合作社立即停止生产并处罚款5万元的行政处罚决定。但该合作社始终未停止违法排污。2015年1月，市环保局又作出责令停止排污决定。新农村合作社不服诉至法院，请求撤销上述行政处罚决定和责令停止排污决定。一审人民法院经审理作出如下判决，被告市环保局依据法律授予的职权，就上述违法事实作出行政处罚决定书和责令停止排污决定书，在处罚程序、处罚幅度方面并无不当，驳回原告诉讼请求。新农村合作社上诉后，二审人民法院判决驳回上诉、维持原判。

【案例分析】本案是涉及农业养殖造成环境污染的典型案例。农业养殖在带动农村经济发展的同时，也可能导致群众居住环境恶化。近年来因养殖污染引发的水源、土壤、空气污染等问题不容忽视。2016年中央1号文件明确要求加快农业环境突出问题治理，加大污染防治力度。原国家环境保护总局《畜禽养殖污染防治管理办法》明确对畜禽养殖场排放的废渣、清洗畜禽体和饲养场地、器具产生的污水及恶臭等要实行污染防治，新建、改建和扩建畜禽养殖场必须依法进行环境影响评价，办理相关审批手续。本案中，某新农村合作社明显违反上述规定，造成环境污染，市环保局作出的处罚决定和责令停止排污决定于法有据，人民法院应予大力支持。该案对保护农村群众生活环境具有一定示范意义。

117. 村办企业在正常生产的情况下逾期拒不缴纳排污费，应该怎么办？

《排污费征收使用管理条例》第21条规定，排污者未按照规定缴纳排污费的，由县级以上地方人民政府环境保护行政主管部门依据职权责令限期缴纳；逾期拒不缴纳的，处应缴纳排污费数额1倍以上3倍以下的罚款，并报经有批准权的人民政府批准，责令停产停业整顿。依照有关的规定，排污者应当按照规定缴纳

排污费，而被申请人逾期拒不缴纳，违反了上述规定，当地环保局有权处罚。

118. 在容易发生水土流失的区域，国家规定了哪些有利于水土保持的措施？

《水土保持法》第39条规定，国家鼓励和支持在山区、丘陵区、风沙区以及容易发生水土流失的其他区域，采取下列有利于水土保持的措施：（1）免耕、等高耕作、轮耕轮作、草田轮作、间作套种等；（2）封禁抚育、轮封轮牧、舍饲圈养；（3）发展沼气、节柴灶，利用太阳能、风能和水能，以煤、电、气代替薪柴等；（4）从生态脆弱地区向外移民；（5）其他有利于水土保持的措施。

119. 在非专门存放区域倾倒砂、石等行为，将面临哪些处罚措施？

《水土保持法》第55条规定，在水土保持方案确定的专门存放地以外的区域倾倒砂、石、土、矸石、尾矿、废渣等的，由县级以上地方人民政府水行政主管部门责令停止违法行为，限期清理，按照倾倒数量处每立方米10元以上20元以下的罚款；逾期仍不清理的，县级以上地方人民政府水行政主管部门可以指定有清理能力的单位代为清理，所需费用由违法行为人承担。

120. 如果因环境问题发生争议和纠纷，可以通过哪些途径解决？

在环境纠纷出现之后，争执双方可以自行选择适当的途径来解决纠纷。一般来说，争执双方可以选择下列途径之一来解决纠纷。（1）自愿协商解决，双方经协商达成解决纠纷的协议；（2）行政调解，请求环境管理机关或者有关行政机关调解处理；（3）司法诉讼解决，环境纠纷当事人，在不能通过协商达成协议，或者不能通过行政调解纠纷时，可以通过向法院提起诉讼来解决。当然，纠纷当事人可以不经过协商和行政调处，直接提起诉讼来解决环境纠纷。

121. 哪些森林可以依法转让？

根据《森林法》第15条的规定，下列森林、林木、林地使用权可以依法转让，也可以依法作价入股或者作为合资、合作造林、经营林木的出资、合作条件，但不得将林地改为非林地：（1）用材林、经济林、薪炭林；（2）用材林、经济林、薪炭林的林地使用权；（3）用材林、经济林、薪炭林的采伐迹地、火烧迹地的林地使用权；（4）国务院规定的其他森林、林木和其他林地使用权。已经取得的林木采伐许可证可以同时转让。除此之外，其他森林、林木和其他林地使用权不得转让。当然，转让双方都必须遵守森林法关于森林、林木采伐和更新造林的规定。

122. 采伐森林和林木必须遵守的规定有哪些？

采伐森林和林木必须遵守下列规定：（1）成熟的用材林应当根据不同情况，分别采取择伐、皆伐和渐伐方式，皆伐应当严格控制，并在采伐的当年或者次年内完成更新造林；（2）防护林和特种用途林中的国防林、母树林、环境保护林、风景林，只准进行抚育和更新性质的采伐；（3）特种用途林中的名胜古迹和革命纪念地的林木、自然保护区的森林，严禁采伐。

★以案释法

采伐林木应当申请采伐许可证

【案情介绍】2013年8月至10月间，为便于造杉木林，被告人罗某某在与本村村民刘某某口头商定由被告人罗某某砍伐刘某某在责

任山“芋荷垄”山场内的杂木并造杉木林，所得杉木林各家一半后，在未申请办理任何林木采伐许可手续的情况下，被告人罗某某与其妻子黄某某两人用油锯、钩刀将山场内的林木砍下，之后又雇请外地劳力刘某等人将其自家责任山“牛头垄”山场内的林木砍下。经技术鉴定，“牛头垄”采伐山场面积为 0.6 公顷，“芋荷垄”采伐山场面积为 2.7 公顷。“芋荷垄”“牛头垄”山场杂木活立木蓄积总量为 31.754 立方米，杂原木出材量为 15.877 立方米。被告人罗某某违反国家保护森林法规，未经林业行政主管部门及法律规定的其他主管部门批准并核发采伐许可证，任意滥伐山场林木活立木蓄积共计 31.754 立方米，数量较大，其行为已触犯了《刑法》第 345 条第 2 款，应当以滥伐林木罪追究其刑事责任。

【案例评析】本案被告人罗某某为便于造杉木林，在未申请办理任何林木采伐许可手续的情况下，擅自采伐“芋荷垄”“牛头垄”山场采伐杂木活立木蓄积总量为 31. 754 立方米，且数量较大，其行为确已构成滥伐林木罪，应追究其刑事责任。《森林法》明确规定，国有林业企业事业单位、机关、团体、部队、学校和其他国有企业事业单位采伐林木，由所在地县级以上林业主管部门依照有关规定审核发放采伐许可证；铁路、公路的护路林和城镇林木的更新采伐，由有关主管部门依照有关规定审核发放采伐许可证；农村集体经济组织采伐林木，由县级林业主管部门依照有关规定审核发放采伐许可证；农村居民采伐自留山和个人承包集体的林木，由县级林业主管部门或者其委托的乡、镇人民政府依照有关规定审核发放采伐许可证。在本案中被告人罗某某在未取得林木采伐许可证的情况下，擅自采伐林木活立木蓄积总量为 31. 754 立方米，显然其行为构成滥伐林木罪。审判机关对被告人以滥伐林木罪定罪处罚，符合我国《刑法》相关规定。

123. 哪些草原属于国家基本草原保护制度的范围？

国家实行基本草原保护制度。下列草原应当划为基本草原，实施严格管理：（1）重要放牧场；（2）割草地；（3）用于畜牧业生产的人工草地、退耕还草地以及改良草地、草种基地；（4）对调节气候、涵养水源、保持水土、防风固沙具有特殊作用的草原；（5）作为国家重点保护野生动植物生存环境的草原；（6）草原科研、教学试验基地；（7）国务院规定应当划为基本草原的其他草原。

124. 法律为保护草原良好生态环境作出哪些规定？

为保护草原良好生态环境，《草原法》作了以下规定：（1）禁止开垦草原。对水土流失严重、有沙化趋势、需要改善生态环境的已垦草原，应当有计划、有步骤地退耕还草；已造成沙化、盐碱化、石漠化的，应当限期治理。（2）对严重退化、沙化、盐碱化、石漠化的草原和生态脆弱区的草原，实行禁牧、休牧制度。（3）国家支持依法实行退耕还草和禁牧、休牧。（4）禁止在荒漠、半荒漠和严重退化、沙化、盐碱化、石漠化、水土流失的草原以及生态脆弱区的草原上采挖植物和从事破坏草原植被的其他活动。（5）在草原上从事采土、采砂、采石等作业活动，应当报县级人民政府草原行政主管部门批准；开采矿产资源的，并依法办理有关手续。且须在规定的时间、区域内，按照准许的采挖方式作业，并采取保护草原植被的措施。（6）在草原上种植牧草或者饲料作物，应当符合草原保护、建设、利用规划。（7）在草原上开展经营性旅游活动，应当符合有关草原保护、建设、利用规划，并事先征得县级以上地方人民政府草原行政主管部门的同意，方可办理有关手续。（8）禁止在草原上使用剧毒、高残留以及可能导致二次中毒的农药。（9）除抢险救灾和牧民搬迁的机动车辆外，禁止机动车辆离开道路在草原上行驶，破坏草原植被。

125. 非法开垦草原，将承担哪些责任？

《草原法》第66条规定，非法开垦草原，构成犯罪的，依法追究刑事责任；尚不够刑事处罚的，由县级以上人民政府草原行政主管部门依据职权责令停止违法行为，限期恢复植被，没收非法财物和违法所得，并处违法所得1倍以上5倍以下的罚款；没有违法所得的，并处5万元以下的罚款；给草原所有者或者使用者造成损失的，依法承担赔偿责任。

126. 须具备哪些条件，方可发给捕捞许可证？

具备下列条件的，方可发给捕捞许可证：(1) 有渔业船舶检验证书；(2) 有渔业船舶登记证书；(3) 符合国务院渔业行政主管部门规定的其他条件。

127. 违法捕捞将承担什么样的法律责任？

《渔业法》对下列行为规定了法律责任。

(1) 使用炸鱼、毒鱼、电鱼等破坏渔业资源方法进行捕捞的，违反关于禁渔区、禁渔期的规定进行捕捞的，或者使用禁用的渔具、捕捞方法和小于最小网目尺寸的网具进行捕捞或者渔获物中幼鱼超过规定比例的，没收渔获物和违法所得，处5万元以下的罚款；情节严重的，没收渔具，吊销捕捞许可证；情节特别严重的，可以没收渔船；构成犯罪的，依法追究刑事责任。

(2) 偷捕、抢夺他人养殖的水产品的，或者破坏他人养殖水体、养殖设施的，责令改正，可以处2万元以下的罚款；造成他人损失的，依法承担赔偿责任；构成犯罪的，依法追究刑事责任。

(3) 未依法取得捕捞许可证擅自进行捕捞的，没收渔获物和违法所得，并处10万元以下的罚款；情节严重的，并可以没收渔具和渔船。

（4）违反捕捞许可证关于作业类型、场所、时限和渔具数量的规定进行捕捞的，没收渔获物和违法所得，可以并处5万元以下的罚款；情节严重的，并可以没收渔具，吊销捕捞许可证。

（5）涂改、买卖、出租或者以其他形式转让捕捞许可证的，没收违法所得，吊销捕捞许可证，可以并处1万元以下的罚款；伪造、变造、买卖捕捞许可证，构成犯罪的，依法追究刑事责任。

（6）未经批准在水产种质资源保护区内从事捕捞活动的，责令立即停止捕捞，没收渔获物和渔具，可以并处1万元以下的罚款。

★以案释法

郭某等三人犯非法捕捞水产品罪案

【案情介绍】每年2月1日至4月30日，为某县境内所有江河等天然水域的禁渔期，禁止捕捞作业。2015年3月29日，被告人郭某、郑某、贾某准备了舀鱼的工具和12瓶甲氰菊酯农药，驾乘面包车先后来到某县某村某河段，把甲氰菊酯农药倒入河水里毒鱼。群众发现后报警，民警赶至现场，将郭某三人当场抓获。

县人民法院审理认为，被告人郭某、郑某、贾某违反保护水产资源法规，在禁渔区和禁渔期使用禁用的方法捕捞水产品，情节严重，构成非法捕捞水产品罪。鉴于被告人郭某、郑某、贾某自愿认罪，如实供述案件事实，可从轻处罚。依法以郭某、郑某、贾某犯非法捕捞水产品罪，分别判处有期徒刑6个月至拘役5个月。

【案例评析】在禁渔期使用法律禁止的方式捕捞水产品，虽然涉案金额不大，但会对渔业资源和渔业生态环境造成毁灭性破坏。尤其是在禁渔期的毒鱼行为，会直接杀死水中正在产卵鱼类和其他水生动物，使水草等水生植物多年难以恢复，毒药造成的污染物还会沾染、沉积在水生植物和底泥上，使水体受到二次污染，被毒死的鱼和富集了毒物的其他水产品还会对食用者健康造成危

害，后果极为严重。我国《渔业法》明文禁止采用炸鱼、毒鱼、电鱼等破坏渔业资源的方法进行捕捞。《刑法》也将禁渔期、禁渔区或者使用禁用的工具、方法捕捞水产品情节严重的行为规定为犯罪进行打击。本案三被告人在禁渔区、禁渔期，使用甲氰菊酯农药毒鱼的行为对该地的渔业资源和渔业生态环境造成严重破坏，被人民群众举报并被抓获归案。人民法院根据本案的事实、情节对犯罪分子判处实体刑，在法律规定范围内严厉打击犯罪分子，遏制非法捕捞水产品的犯罪行为，对司法保护长江流域的渔业资源和生态平衡起到示范作用。

第八章 农民进城务工

128. 农民外出务工时需随身携带哪些证件、材料？

（1）居民身份证。农民外出务工时，一定要携带能证明自己身份的居民身份证。

（2）流动人口婚育证明。该证明是由县（区）计划生育部门制作颁发的，用以记载本人计划生育情况的证明。

（3）外出人员就业登记卡。该卡是由县（区）劳动和社会保障机关制作颁发的，准备外出务工的人员持居民身份证即可前往办理。

此外，参加过职业技能培训的农民，最好携带其所取得的职业技能培训证明，以便于进城后增加就业务工的机会和提高工资待遇。

129. 农民外出务工在务工地需要办理哪些证件？

（1）暂住证。暂住证是公民离开常住户口所在地的市区或者乡、镇，在其他地区暂住的证明。暂住在机关、事业单位、企业、工地的务工人员，由单位或雇主将暂住人员登记造册，到暂住地公安派出所申领暂住证。申领者本人也可以携带本人身份证直接到暂住地公安派出所申领暂住证。暂住证为一人一证。除公安机关依照规定可以收缴或者吊销暂住证以外，其他任何单位和个人不得扣押公民的暂住证。随着我国户籍管理制度改革的不断深化，目前有许多地区已在逐步改革暂住证的管理和申领规定。外出务工农民要注意向务工地公安派出所了解有关暂住证的新规定。

（2）外来人员就业证。外来人员到达务工地后，需要持居民身份证、流动人口婚育证明以及当地的外出人员就业登记卡等，到务

工就业所在地的县（区）劳动和社会保障机关，办理外来人员就业证。用人单位与外来务工人员签订劳动合同时，将要求外来务工人员出示外来人员就业登记证。

130. 居民身份证有哪些作用？

居民身份证是证明我国公民身份的法定证件。凡是年满16周岁的中国公民，都应向常住户口所在地的户口登记机关申领居民身份证。公民在办理下列事务需要证明身份时，应当出示居民身份证：（1）选民登记；（2）户口登记；（3）兵役登记；（4）婚姻登记、收养登记；（5）入学、就业；（6）办理公证事务；（7）前往边境管理区；（8）办理申请出境手续；（9）参与诉讼活动；（10）办理机动车、船驾驶证和行驶证，非机动车执照；（11）办理个体营业执照；（12）办理个人信贷事务；（13）参加社会保险，领取社会救济；（14）办理搭乘民航飞机手续；（15）投宿旅店办理登记手续；（16）提取汇款、邮件；（17）法律、行政法规规定需要用居民身份证证明身份的其他情形。

131. 在什么情况下，公安机关可以查验公民的居民身份证？

在下列情况下，公安机关有权查验公民的居民身份证，被查验的公民不得拒绝。（1）对有违法犯罪嫌疑的人员，需要查明身份的；（2）依法实施现场管制时，需要查明有关人员身份的；（3）发生严重危害社会治安突发事件时，需要查明现场有关人员身份的；（4）法律规定需要查明身份的其他情形。

公安人员依法执行公务需要查验公民的居民身份证时，应当首先出示自己的执法证件。除公安机关依法对犯罪嫌疑人执行监视居住强制措施的情形，其他任何组织和个人不得扣押公民的居民身份证或者作为抵押。

132. 劳动合同应以什么形式订立？

建立劳动关系，应当订立书面劳动合同。已建立劳动关系，未同时订立书面劳动合同的，应当自用工之日起一个月内订立书面劳动合同。用人单位与劳动者在用工前订立劳动合同的，劳动关系自用工之日起建立。书面合同具有严肃性，便于双方当事人履行和有关部门对劳动合同履行情况进行监督检查。一旦发生劳动争议也有据可查，从而维护双方当事人的合法权益。

133. 劳动合同必须包括哪些条款？

劳动合同应当具备以下条款：（1）用人单位的名称、住所和法定代表人或者主要负责人；（2）劳动者的姓名、住址和居民身份证或者其他有效身份证件号码；（3）劳动合同期限；（4）工作内容和工作地点；（5）工作时间和休息休假；（6）劳动报酬；（7）社会保险；（8）劳动保护、劳动条件和职业危害防护；（9）法律、法规规定应当纳入劳动合同的其他事项。

劳动合同除前款规定的必备条款外，用人单位与劳动者可以约定试用期、培训、保守秘密、补充保险和福利待遇等其他事项。

★以案释法

对无效高额违约金，劳动者如何维权

【案情介绍】小张是某公司的职工，与该公司签订了为期3年的合同，合同虽然仅几十条，却规定了10多项违约金条款，有一项是如果小张在合同期内离职的话，需一次性支付5万元违约金。工作1年后，小张发现了另一家公司相同的岗位在招人，开出的条件和待遇

都比现在的单位好很多。他想离职，但面对巨额违约金，又陷入了深深的苦恼之中。

【案例评析】《劳动法》对于劳动合同违约金的问题基本上没有涉及，而是交给用人单位和劳动者协商解决。为防止劳动者离职，不少用人单位都规定了高额违约金。为此，《劳动合同法》对违约金进行了规范，规定只有在两种情况下，用人单位才可与劳动者约定由劳动者承担违约金：第一种情况是用人单位为劳动者提供专项培训费用，对其进行专业技术培训的，与该劳动者订立协议，约定服务期后，如果劳动者违反服务期约定的，应当按照约定向用人单位支付违约金。第二种情况是用人单位与负有保密义务的劳动者在劳动合同或者保密协议中约定了竞业限制条款后，如果劳动者违反竞业限制约定的，应当按照约定向用人单位支付违约金。

由此可见，除上述两种情况外，其余一切情况包括劳动者离职都不再需要向用人单位支付违约金了。因此，依据《劳动合同法》的规定，该公司约定的高额违约金是无效的，小张的只要按照正常程序来办理离职就可以了。

134. 试用期到底应该有多长？

试用期，是指用人单位对新招收职工的思想品德、劳动态度、实际工作能力、身体情况等进行进一步考察的时间期限。《劳动合同法》第 19 条规定，劳动合同期限 3 个月以上不满 1 年的，试用期不得超过 1 个月；劳动合同期限 1 年以上不满 3 年的，试用期不得超过 2 个月；3 年以上固定期限和无固定期限的劳动合同，试用期不得超过 6 个月。同一用人单位与同一劳动者只能约定一次试用期。以完成一定工作任务为期限的劳动合同或者劳动合同期限不满 3 个月的，不得约定试用期。试用期包含在劳动合同期限内。劳动合同仅约定试用期的，试用期不成立，该期限为劳动合同期限。

135. 签劳动合同时，用人单位能否向劳动者收取定金、保证金或扣押居民身份证？

国家法律明令禁止用人单位招用人员时向求职者收取招聘费用，禁止向被录用人员收取保证金或抵押金等任何费用，禁止扣押被录用人员的身份证等证件。《劳动合同法》第9条规定，用人单位招用劳动者，不得扣押劳动者的居民身份证和其他证件，不得要求劳动者提供担保或者以其他名义向劳动者收取财物。一旦用人单位有以上非法行为，劳动者应及时向劳动保障监察机构举报。

136. 劳动合同无效的情形以及后果各有哪些？

违反法律、行政法规的劳动合同和采取欺诈、威胁等手段订立的劳动合同都是无效的劳动合同。劳动合同是否无效，依法由劳动仲裁委员会或者人民法院确认。劳动合同部分条款无效，不影响其余部分效力的，其余部分仍然有效。由于用人单位的原因订立无效合同，对劳动者造成损害的，用人单位负责承担赔偿责任。

对无效劳动合同一般采取变更或撤销的办法。采取欺诈、胁迫手段订立的劳动合同多是撤销。欺诈、胁迫方应对对方因此而造成的损害承担赔偿责任。若双方当事人均有过错，各自承担相应的责任。

★以案释法

代签的劳动合同没有法律效力

【案情介绍】农民工王某在市里一维修队工作，前不久老母病重回家探望。再返回单位时，却被告知他的劳动合同已经到期终止。王某感到奇怪，因为他在这个维修队工作两年多，从来没与单位签过劳动合同，何来合同到期终止？王某申请仲裁未被支持，便将单位告上法庭，要求单位支付未签订劳动合同双倍工资。

庭审中，单位拿出与王某所签订的已经到期的劳动合同，合同上，既有单位的公章，也有王某的签名。但王某看后指出，合同上他的名字并非他本人所签。法庭经调查确认，合同书上王某的签字为王某所在维修队队长所签。其队长解释说，签合同时王某不在，当时为省事，就替王某签了。

法院审理认为，按法律规定，用人单位与劳动者签订劳动合同，必须劳动者本人签字，不能代签，劳动者本人未签字的劳动合同无法律效力。

据此法院视为维修队与王某未签订劳动合同，以《劳动合同法》第 82 条的相关规定，支持了王某的诉讼请求。

【案例评析】劳动合同是劳动者个人与用工单位之间确立劳动关系，明确双方权利和义务的协议。劳动合同具有以下的特征：合法性、协商一致性、合同主体地位平等性、等价有偿性。

根据《劳动合同法》的规定：“用人单位自用工之日起即与劳动者建立劳动关系”“建立劳动关系，应当订立书面劳动合同”“劳动合同由用人单位与劳动者协商一致，并经用人单位与劳动者在劳动合同文本上签字或者盖章生效。劳动合同文本由用人单位和劳动者各执一份”。没有委托，他人代签的劳动合同对劳动者不具有法律约束力。

代签的劳动合同无效，法院依据《劳动合同法》第 82 条“用人单位自用工之日起超过一个月不满一年未与劳动者订立书面劳动合同的，应当向劳动者每月支付二倍的工资。用人单位违反本法规定不与劳动者订立无固定期限劳动合同的，自应当订立无固定期限劳动合同之日起向劳动者每月支付二倍的工资”作出支持王某诉讼请求的判决是完全正确的。

137. 劳动者在何种情况下有权解除劳动合同？

劳动者在下列情况下可以解除劳动合同：（1）劳动者和用人单

位协商一致可以解除合同。（2）有下列情况，劳动者可以随时通知用人单位解除劳动合同：①用人单位以暴力、威胁或者非法限制人身自由的手段强迫劳动的；②用人单位未按劳动合同约定及时足额支付劳动报酬或者提供劳动条件的；③用人单位未依法为劳动者缴纳社会保险费的。（3）劳动者也可以单方解除合同，但应当提前30日以书面形式通知用人单位，无需征得用人单位同意，用人单位应当及时办理有关解除劳动合同手续。劳动者在试用期内提前3日通知用人单位，也可以解除劳动合同。

138. 哪些情况用人单位可以解除劳动合同？

劳动者有下列情形之一的，用人单位可以解除劳动合同：（1）在试用期间被证明不符合录用条件的；（2）严重违反用人单位的规章制度的；（3）严重失职，营私舞弊，给用人单位造成重大损害的；（4）劳动者同时与其他用人单位建立劳动关系，对完成本单位的工作任务造成严重影响，或者经用人单位提出，拒不改正的；（5）因以欺诈、胁迫的手段或者乘人之危，使用人单位在违背真实意思的情况下订立或者变更劳动合同致使劳动合同无效的；（6）被依法追究刑事责任的。

139. 什么情形下用人单位可提前或支付违约金而解除合同？

有下列情形之一的，用人单位提前30日以书面形式通知劳动者本人或额外支付劳动者一个月工资后，可以解除劳动合同：

（1）劳动者患病或者非因工负伤，在规定的医疗期满后不能从事原工作，也不能从事由用人单位另行安排的工作的；

（2）劳动者不能胜任工作，经过培训或者调整工作岗位，仍不能胜任工作的；

（3）劳动合同订立时所依据的客观情况发生重大变化，致使劳动合同无法履行，经用人单位与劳动者协商，未能就变更劳动合同

内容达成协议的。

140. 什么情况下劳动合同期满用人单位也不得终止劳动合同？

劳动者有下列情形之一的，用人单位劳动合同期满也不得解除劳动合同：(1) 从事接触职业病危害作业的劳动者未进行离岗前职业健康检查，或者疑似职业病病人在诊断或者医学观察期间的；(2) 在本单位患职业病或者因工负伤并被确认丧失或者部分丧失劳动能力的；(3) 患病或者非因工负伤，在规定的医疗期内的；(4) 女职工在孕期、产期、哺乳期的；(5) 在本单位连续工作满15年，且距法定退休年龄不足5年的；(6) 法律、行政法规规定的其他情形。

141. 什么情形下劳动合同终止？

有下列情形之一的，劳动合同终止：(1) 劳动合同期满的；(2) 劳动者开始依法享受基本养老保险待遇的；(3) 劳动者死亡，或者被人民法院宣告死亡或者宣告失踪的；(4) 用人单位被依法宣告破产的；(5) 用人单位被吊销营业执照、责令关闭、撤销或者用人单位决定提前解散的；(6) 法律、行政法规规定的其他情形。

142. 工资应多长时间支付一次？

通常情况下，工资应当以货币形式按月支付给劳动者，实行周、日、时工资制的，也可以按每周、每天、每小时支付工资。劳动关系双方依法解除或终止劳动合同时，用人单位应在解除或终止劳动合同时一次付清劳动者工资。

143. 用人单位应如何支付劳动者加班工资？

用人单位在法定工作时间之外安排劳动者加班工作的，必须向劳动者额外支付加班费。在工作日延长工作时间的，延长部分的报酬按不低于 150% 的工资报酬支付；休息日加班又不能安排补休的，支付不低于 200% 的工资报酬；法定节假日加班的，支付不低于 300% 的工资报酬。休息日加班应考虑安排补休。

★以案释法

公司是否可以以加班费来抵偿经济损失

【案情介绍】某公司因其加工的一批货物出现了 3000 多件的不合格产品而影响了生产，为赶时间完成订单，公司要求所有员工连日加班，每天加班 3 小时以上，并拒绝支付加班费。有员工不服，向某劳动保障监察机构举报。经调查核实，某劳动保障监察机构对公司作出了停止加班、支付职工加班工资和经济补偿并处以罚款的决定。

公司认为，这批订单按正常的工作进度应该按时完成，是由于员工生产出了大量的不合格产品而耽误了完成订单的时间，并造成了经济损失，所以员工应该加班，且加班费是不应支付的。于是公司向当地人民政府申请行政复议，请求撤销某劳动保障监察机构作出的行政处罚决定。复议机关经审理，依法维持了某劳动保障监察机构作出的行政处罚决定等具体行政行为。

【案例评析】本案是一起典型的因加班而引起的劳动纠纷，主要涉及两个争议焦点，一是员工到底该不该加班，二是公司是否可以以加班费来抵偿经济损失，不支付加班费。

对于这两个问题，公司认为，由于员工的工作失误导致公司订单无法按期完成，并给公司造成了经济损失，应由员工对此负责，因此员工应该加班，且公司有权不支付加班费以抵偿自己的经济损失。

公司的说法是没有法律根据的。本案中，公司安排加班的行为未经与劳动者协商，员工加班是被迫的，且每日加班三小时以上，违反了劳动法关于加班程序和加班时间标准的规定。按照我国现行劳动法的规定，用人单位一般应实行每日工作8小时、每周工作40小时的标准工时制度。因工作性质或者生产特点的限制，不能实行以上工时制度的，按照国家有关规定，可以实行其他工作和休息办法。应注意的是，这种例外必须有其他的明文规定。同时，用人单位由于生产经营需要，可以延长工作时间，但必须经与工会和劳动者协商，并且一般每日不得超过1小时，因特殊原因需要延长工作时间的，在保障劳动者身体健康的条件下延长工作时间每日不得超过3小时，同时每月不得超过36小时。因此，公司的加班行为明显违法。

同时，根据《劳动法》第44条的规定，安排劳动者延长工作时间的，支付不低于工资的150%的工资报酬；休息日安排劳动者工作又不能安排补休的，支付不低于工资的200%的工资报酬；法定休假日安排劳动者工作的，支付不低于工资的300%的工资报酬。本案中公司加班时间工资报酬的支付应执行上述规定。

至于员工工作失误给公司造成的经济损失，是另一个法律关系，公司并不能单方面以抵偿经济损失为由，违背法律关于加班的上述强制性规定。据此，根据《违反〈中华人民共和国劳动法〉行政处罚办法》的规定，某劳动保障监察机构作出的要求公司停止加班、支付职工加班工资和经济补偿、并处以罚款的决定，是合法有效的；当地人民政府复议机关作出的维持某劳动保障监察机构行政处罚等决定的复议决定也是正确的；而某劳动保障监察机构没有责令公司按相当于延长工作时间工资报酬、经济补偿总和的1至5倍支付劳动者赔偿金，实际上已经是从宽处理。

144. 什么是最低工资？

最低工资，是指劳动者在法定工作时间内提供了正常劳动的前

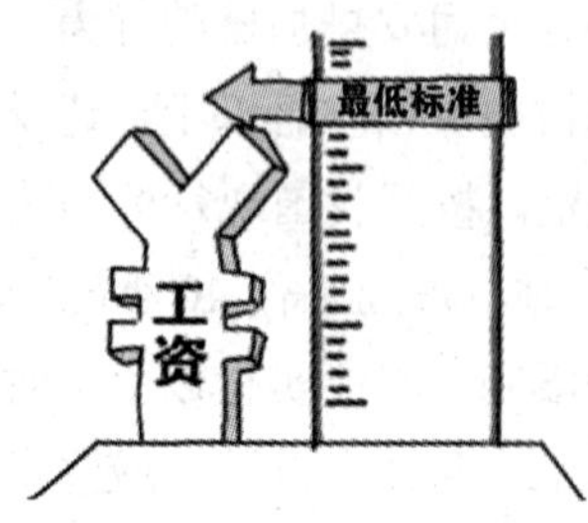

提下，用人单位依法应当支付的最低劳动报酬。最低工资不包括下列项目：加班加点工资，中班、夜班、高温、低温、井下、有毒有害等特殊工作环境、条件下的津贴，以及国家法律、法规、政策规定的劳动者福利待遇等。用人单位支付劳动者的工资不得低于当地最低工资标准。最低工资保障制度适用于我国境内的企业，民办非企业单位、有雇工的个体工商户和与之形成劳动关系的劳动者。

145. 哪些情况下劳动者可要求用人单位支付报酬或赔偿金？

用人单位有下列情形之一的，由劳动行政部门责令限期支付劳动报酬、加班费或者经济补偿；劳动报酬低于当地最低工资标准的，应当支付其差额部分；逾期不支付的，责令用人单位按应付金额 50% 以上 100% 以下的标准向劳动者加付赔偿金：（1）未按照劳动合同的约定或者国家规定及时足额支付劳动者劳动报酬的；（2）低于当地最低工资标准支付劳动者工资的；（3）安排加班不支付加班费的；（4）解除或者终止劳动合同，未依照本法规定向劳动者支付经济补偿的。

146. 劳动合同解除或终止时，用人单位应于何时付清劳动者工资？

劳动者与用人单位解除或终止劳动合同后，他们之间的劳动关系也就不存在了。为了保护劳动者得到相应的劳动报酬，用人单位应在解除或终止劳动合同时付清劳动者工资，不必到原劳动合同约定的工资支付日期，而且必须一次付清，不能拖欠或克扣。劳动合同解除后，不仅要即时付清工资，还应及时接转社会保险关系。

147. 法律对未成年工有何保护？

我国法律规定，禁止雇佣未满 16 周岁人从事生产劳动。但是对于 16 岁至 18 岁这一年龄段的未成年人来说，他们可以就业，被称为“未成年工”。

保护未成年人的工作，应当遵循以下原则：

《未成年人保护法》第 5 条规定，保护未成年人的工作，应当遵循下列原则：

（1）尊重未成年人的人格尊严；

（2）适应未成年人身心发展的规律和特点；

（3）教育与保护相结合。

对于未成年工，法律予以特殊的保护。《未成年人保护法》第 38 条规定，任何组织或者个人不得招用未满 16 周岁的未成年人，国家另有规定的除外。任何组织或者个人按照国家有关规定招用已满 16 周岁未满 18 周岁的未成年人的，应当执行国家在工种、劳动时间、劳动强度和保护措施等方面的规定，不得安排其从事过重、有毒、有害等危害未成年人身心健康的劳动或者危险作业。第 68 条规定，非法招用未满 16 周岁的未成年人，或者招用已满 16 周岁的未成年人从事过重、有毒、有害等危害未成年人身心健康的劳动或者危险作业的，由劳动保障部门责令改正，处以罚款；情节严重的，由工商行政管理部门吊销营业执照。

《劳动法》第 64 条也规定，国家对未成年工实行特殊劳动保护。不得安排未成年工从事矿山井下、有毒有害、国家规定的第四级体力劳动强度的劳动和其他禁忌从事的劳动。用人单位应当对未成年工定期进行健康检查。

148. 什么是工伤保险？个人是否应缴纳工伤保险费？

工伤保险，是指劳动者在工作中或在规定的特殊情况下，遭受意外伤害或患职业病导致暂时或永久丧失劳动能力以及死亡时，劳动者或其遗属从国家和社会获得物质帮助的一种社会保险制度。工伤保险费用由用人单位缴纳，劳动者个人不缴纳工伤保险费用。

《社会保险法》第33条规定，职工应当参加工伤保险，由用人单位缴纳工伤保险费，职工不缴纳工伤保险费。中国境内的各类企业（包括国有企业，私营企业，乡镇企业，中外合资、合作企业，外商独资企业等）以及有雇工的个体工商户均必须参加工伤保险。

★以案释法

患职业病该怎么办

【案情介绍】郑某在一家石料厂做司机，每天要负责好几车石料的装车与运输，且并未做防护措施。而该厂企业只顾赚钱，从未向有关部门申报危害作业，也未对从业人员采取相应的职业防护和正常的职业健康监护。其后名工人因身体不适就医，后经专科医院就诊，诊断为“疑似尘肺病”。之后半年，又有近30人陆续被发现肺部有异常，15人被诊断为Ⅱ期和Ⅲ期尘肺。虽然在管理部门的督促下，企业几乎把这些年经营的收益全部给赔付了，但受伤害的劳动者却留下了终身残疾，不再有健康的体质和高质量的生活能力。

【案例评析】企业有组织接触职业病危害劳动者在上岗前、在岗期间、离岗时进行职业健康检查的责任。若是该企业在办厂初期就采取有效的职业病危害防护措施，定期对作业工人进行职业健康体检，早期发现健康损害，让有职业禁忌的劳动者脱离粉尘作业，就可以保障到更多人的生命健康权。对于劳动者而言，入职前应该对工作环境予以适度的了解。看清楚厂家的资格资质，以及是否配有防护工具。在工作中间一旦发现身体不适，及时脱离作业环境，到有资质的机构做职业病和工商鉴定，拿起法律的武器，勇于维护自己的权利。

149. 符合哪些条件可以享受工伤保险待遇？

职工因工作原因受到事故伤害或者患职业病，且经工伤认定的，享受工伤保险待遇；其中，经劳动能力鉴定丧失劳动能力的，享受伤残待遇。

根据《工伤保险条例》第14和第15条的规定，以下几种情形应当认定为工伤：（1）在工作时间和工作场所内，因工作原因受到事故伤害的；（2）在工作时间前后在工作场所内，从事与工作有关的预备性或者收尾性工作受到事故伤害的；（3）在工作时间和工作场所内，因履行工作职责受到暴力等意外伤害的；（4）患职业病的；（5）因工外出期间，由于工作原因受到伤害或者发生事故下落不明的；（6）在上下班途中，受到非本人主要责任的交通事故或者城市轨道交通、客运轮渡、火车事故伤害的；（7）在工作时间和工作岗位，突发疾病死亡或者在48小时之内经抢救无效死亡的；（8）在抢险救灾等维护国家利益、公共利益活动中受到伤害的；（9）职工原在军队服役，因战、因公负伤致残，已取得革命伤残军人证，到用人单位后旧伤复发的；（10）法律、行政法规规定应当认定为工伤的情形。

150. 哪些工伤费用应从工伤保险基金中支付？

因工伤发生的下列费用，按照国家规定从工伤保险基金中支付：（1）治疗工伤的医疗费用和康复费用；（2）住院伙食补助费；（3）到统筹地区以外就医的交通食宿费；（4）安装配置伤残辅助器具所需费用；（5）生活不能自理的，经劳动能力鉴定委员会确认的生活护理费；（6）一次性伤残补助金和一至四级伤残职工按月领取的伤残津贴；（7）终止或者解除劳动合同时，应当享受的一次性医疗补助金；（8）因工死亡的，其遗属领取的丧葬补助金、供养亲属抚恤金和因工死亡补助金；（9）劳动能力鉴定费。

151. 产假及生育相关假期的法律规定？

女职工生育享受98天产假，其中产前可以休假15天；难产的，增加产假15天；生育多胞胎的，每多生育1个婴儿，增加产假15天。女职工怀孕未满4个月流产的，享受15天产假；怀孕满4个月流产的，享受42天产假。

关于女职工产假期间的生育津贴，对已经参加生育保险的，按照用人单位上年度职工月平均工资的标准由生育保险基金支付；对未参加生育保险的，按照女职工产假前工资的标准由用人单位支付。女职工生育或者流产的医疗费用，按照生育保险规定的项目和标准，对已经参加生育保险的，由生育保险基金支付；对未参加生育保险的，由用人单位支付。

★以案释法

女职工产假后单位不安排工作怎么办

【案情介绍】某制药厂女职工李某，于2006年参加工作，并与该厂签订10年的劳动合同。2013年2月李某生小孩，并按照厂里规定休产假4个月。当她上班时，原来的岗位已经被别人顶替，本部门领导不予安排工作。李某认为，自己与工厂签订10年的劳动合同，同时按照规定休产假，单位现在不安排工作，就等于终止劳动合同。她多次找有关领导要求上班。但是，厂里一直没有安排她的工作。李某在万般无奈的情况下，于2013年12月向劳动争议仲裁委员会提出劳动争议仲裁申请。

【案例评析】《劳动法》第29条规定，用人单位不得在女职工孕期、产期、哺乳期解除劳动合同。根据法律规定，企业不得在女职

工休产假期间解除劳动合同，或以其他方式不安排女职工工作。女职工生育期间的权利是受国家保护的，任何单位不得以休产假为由，解除女职工的劳动合同。该厂虽然没有解除与李某的劳动合同，但是不安排工作，不保障女职工的基本待遇，其性质和解除劳动合同是一致的。因此，应予以纠正。该制药厂应撤销不安排李某工作的决定，恢复其工作。

152. 生育保险制度是什么？生育医疗费用和生育津贴都有什么内容？

妇女劳动者在怀孕和分娩暂时中断劳动时，由国家和社会提供医疗服务、生育津贴和产假的一种社会保险制度。职工应当参加生育保险，由用人单位按照国家规定缴纳生育保险费，职工不缴纳生育保险费。《社会保障法》第54条规定，用人单位已经缴纳生育保险费的，其职工享受生育保险待遇；职工未就业配偶按照国家规定享受生育医疗费用待遇。所需资金从生育保险基金中支付。生育保险待遇包括生育医疗费用和生育津贴。

生育医疗费用包括：

（1）生育的医疗费用；

（2）计划生育的医疗费用；

（3）法律法规规定的其他项目费用。

生育津贴的范围包括：

（1）女职工生育享受产假；

（2）享受计划生育手术休假；

（3）法律法规规定的其他情形。

生育津贴按照职工所在用人单位上年度职工平均工资计发。

153. 劳动争议仲裁委员会应该在多长时间内作出裁决？

劳动仲裁庭裁决劳动争议案件，应当自劳动争议仲裁委员会受

理仲裁申请之日起45日内结束。案情复杂需要延期的，经劳动争议仲裁委员会主任批准，可以延期并书面通知当事人，但是延长期限不得超过15日。逾期未作出仲裁裁决的，当事人可以就该劳动争议事项向人民法院提起诉讼。仲裁庭裁决劳动争议案件时，其中一部分事实已经清楚，可以就该部分先行裁决。

154. 在劳动仲裁程序中，哪些情况下劳动者可要求先行给付被拖欠的工资或医疗费？

仲裁庭对追索劳动报酬、工伤医疗费、经济补偿或者赔偿金的案件，根据当事人的申请，可以裁决先予执行，移送人民法院执行。

仲裁庭裁决先予执行的，应当符合下列条件：（1）当事人之间权利义务关系明确；（2）不先予执行将严重影响申请人的生活。劳动者申请先予执行的，可以不提供担保。

155. 当事人对生效的仲裁调解书和仲裁裁决书不执行怎么办？

当事人对发生法律效力的调解书、裁决书，应当依照规定的期限履行。一方当事人逾期不履行的，另一方当事人可以依照民事诉讼法的有关规定向人民法院申请执行。受理申请的人民法院应当依法执行。

第九章　农民维权

156. 一般生活中发生的纠纷属于什么类型的纠纷？

法律纠纷大致上在分三种：民事纠纷、刑事纠纷、行政纠纷。而一般我们生活中、邻里间发生的纠纷，如果是发生在两个平等主体之间，即不是和国家机关、公务员的公务行为产生纠纷的，并且其内容通常为财产关系或者人身关系的纠纷，我们称其为民事纠纷。需要注意的是，对于这纠纷的内容，必须是可以处分的，即民事纠纷中的实体和程序权利作为权利人是可以行使或者放弃，不受法律的强制性约束。

157. 关于民事纠纷，有什么解决的途径？

发生了民事纠纷，当事人可以选择协商、调解、仲裁和诉讼四种方式来解决。这几种解决途径具体的操作方法如下：

协商是由争议当事各方自行对民事争议的处理问题进行平等协商，协商解决的内容经双方同意即形成合同，受法律保护，特别是受《合同法》的约束。

调解是由第三方在争议各方之间主持调解，对民事争议进行解决。第三方一般包括公民，也包括人民法院或者其他机关。法律特别规定经人民调解委员调解达成的、有民事权利义务内容，并由双方当事人签字或者盖章的调解协议，具有民事合同性质，具有法律约束力，当事人应当按照约定履行。

仲裁是在争议当事各方无法自行协商解决的情况下，根据当事双方事前或者事后达成的仲裁协议，将该争议提交约定的仲裁机构裁决。此种解决方法的前提是双方认可的仲裁协议。而且经由仲裁裁决的案件法院不再受理，也不能以同一个理由起诉。值得注意的是，仲裁采取的是一裁终局，即没有上诉制度。

民事诉讼是指人民法院在当事人和全体诉讼参与人的参加下，依法审理和解决民事纠纷的活动。

158. 诉讼和仲裁选哪个好？

诉讼和仲裁作为民事纠纷的解决手段在同一个纠纷中，只能选择其一作为本纠纷的解决手段。那么就会出现选诉讼还是选仲裁好的问题。

民事诉讼就是通过民事诉讼制度和程序的运用，解决平等当事人之间权利义务之争，理清民事主体的权利义务关系的国家审判活动。与仲裁或其他解决途径相比较，民事诉讼是在国家审判机关的主持下进行的依照审判程序公开进行、公开宣判，因此具有以下几个特性：公权性、强制性、程序性、公开性与正当性。诉讼遵循的原则是两审终审制。

仲裁则充分体现了双方当事人的意思自治，首先仲裁的依据是双方当事人的仲裁协议，而仲裁事项、仲裁机构、仲裁程序、仲裁地点、适用法律及仲裁语言在不违背法律的情况下均可由双方当事人自行约定，并且仲裁采取非公开审理和一裁终局两种特殊的程序制度。

因此，结合上述情况，当事人应该在结合自身情况，选择相应的法律途径解决纠纷。

★以案释法

发生民事纠纷如何解决

【案情介绍】2016年年初，刘某某（女，72岁）与王某某因宅基地发生纠纷，王某某闯入刘某某家中，强行将刘某某的老伴拖出屋

外，并因此发生纠纷。刘某某见状上前劝阻，被王某某推倒在柏油路上摔伤，刘某某被在场的人扶起，因伤势严重拨打110求助，被送往当地县城某医院治疗。刘某某因经济困难，住院两天后被迫出院回家治疗，出院时仍不敢下床活动，医生要求刘某某休息治疗四周。

【案例评析】王某某闯入刘某某家中寻衅滋事、无理取闹，并依仗自己年轻气盛，恃强凌弱将刘某某打伤住院，花去医疗费700余元。经派出所及司法所多次调解，均未得到有效处理。针对此种情况，律师直接为刘某某书写了起诉状和缓交诉讼费申请书，依法提起了赔偿诉讼。王某某在强大的法律攻势下，认识到了自身错误，并积极要求赔偿。经刘某某同意，王某某最终赔偿了1200元，刘某某也依法向法院提出撤诉并得到批准。本案通过民事法律程序得到圆满解决，老人的合法权益得到了维护。在现实生活中如果遇到纠纷，一定要用法律的手段去解决，不要私下动武。否则对于其带来的后果，行为人也要相应的承担民事责任，甚至是行政和刑事责任。

159. 发生民事纠纷，该向哪一个法院起诉？

基层人民法院管辖第一审民事案件，因此一般起诉都是向基层人民法院提起。由于基层法院的管辖范围过大，因此法律没有详细的规定。在此我们可以通过排除由中级、高级、最高级人民法院的管辖来确定。根据《民事诉讼法》第18条规定，中级人民法院管辖下列一审民事案件：（1）重大涉外案件；（2）在本辖区有重大影响的案件；（3）最高人民法院确定由中级人民法院管辖的案件。高级人民法院管辖在本辖区有重大影响的第一审民事案件。最高级人民法院管辖：（1）在全国有重大影响的案件；（2）认为应当由其审理的案件。

对于向哪个地区的法院起诉的选择，《民事诉讼法》第21条规定，对公民提起的民事诉讼，由被告居住地的人民法院管辖；被告所在地与经常居住地不一致的，由经常居住地人民法院管辖。对法人或者其他组织提起诉讼的，由被告所在地人民法院管辖。

160. 两个以上人民法院对案件都有管辖权时，应如何起诉？

《民事诉讼法》规定，同一诉讼的几个被告住所地、经常居住地在两个以上人民法院辖区的，各该人民法院都有管辖权。两个以上人民法院都有管辖权的诉讼，原告可以向其中一个人民法院起诉。原告向两个以上人民法院起诉的，由最先立案的人民法院管辖。

161. 诉讼时效有多长？

向人民法院请求保护民事权利的诉讼时效期间一般为 2 年。但以下几种情形的诉讼时效期间为 1 年：（1）身体受到伤害要求赔偿的；（2）出售质量不合格的商品未声明的；（3）延付或者拒付租金的；（4）寄存财物被丢失或者损毁的。

诉讼时效期间从知道或者应当知道权利被侵害时起计算。但是，从权利被侵害之日起超过 20 年的，人民法院不予保护。有特殊情况的，人民法院可以延长诉讼时效期间。

162. 在进行诉讼时，可以委托哪些人作为自己的诉讼代理人？

当事人、法定代理人可以委托 1 至 2 人作为诉讼代理人。下列人员可以被委托为诉讼代理人：（1）律师、基层法律工作者；（2）当事人的近亲属或者工作人员；（3）当事人所在社区、单位及有关的社会团体推荐的公民。

委托他人代为诉讼，必须向人民法院提交由委托人签名或者盖章的授权委托书。授权委托书必须记明委托事项和权限。诉讼代理人代为承认、放弃、变更诉讼请求，进行和解，提起反诉或者上诉，必须有委托人的特别授权。

★以案释法

故意提供虚假地址制造缺席审判案

【案情介绍】蒋女士与大华公司因拆迁合同产生系列纠纷，大华公司与蒋女士先后签订了两份协议。大华公司在明知蒋女士的实际居住地和联系电话的情况下，向法院提供虚假地址和虚假电话，一审法院按照提供的地址和电话无法联系到蒋女士，向身份证地址送达仍不能联系到蒋女士后只能缺席审判，在庭审中大华公司只提供对自己公司有利的协议，取得对自己有利的判决。蒋女士在执行阶段才了解到该判决，之后向当地法院申请再审。法院在审查蒋女士提供的完整证据后认为，有新的证据足以影响原审判决，根据《民事诉讼法》第200条的规定“有新的证据，足以推翻原判决、裁定的，人民法院应当再审”，依法提起再审。

本案中大华公司明知蒋女士的地址和联系方式，故意提供错误地址和电话，达到蒋女士缺席审判的目的，但不诚信的诉讼行为最终没有得逞，蒋女士于再审中参与到了诉讼，大华公司不诚信的诉讼行为也受到法院的相应的处罚和教育。

【案例评析】诚实信用是市场经济的内在要求，也是《民事诉讼法》确立的基本原则。本案例的当事人在民事诉讼行为中存在提供虚假证据的不诚信行为，直接损害了对方当事人权利和正常诉讼秩序，有必要引起社会公众的高度关注，共同抵制、防范不诚信民事诉讼行为。现实生活中，当事人必须认识到诚信诉讼是《民事诉讼法》规定的法定义务和基本原则，《民事诉讼法》第13条规定，民事诉讼应当遵循诚实信用原则。《民事诉讼法》已经对各种不诚信民事诉讼行为加大了惩戒力度。比如对于提供虚假证据的，第111条规定，诉讼参与人伪造、毁灭重要证据，妨碍人民法院审理案件的，人民法院可以根据情节轻重予以罚款、拘留；构成犯罪的，依法追究刑事责任。对于恶意诉讼，第112条规定，当事人之间恶意串通，企图通过诉讼、调解等方式侵害他人合法权益的，人民法院应当驳回其请求，并根据情节轻重予以罚款、拘留；构成犯罪的，依法追究刑事责任。

《民事诉讼法》大力提倡诚信诉讼，加大了对不诚信民事诉讼行为的惩戒力度，对个人的最大罚款金额增加到了10万元，对单位的最大罚款金额增加到了100万元，并且规定对恶意诉讼中涉及犯罪的，依法追究刑事责任，这是立法上的进步，但如孟子所说，“徒法不足以自行”，诚信诉讼更需要广大民众的理解和配合，对不诚信行为自觉说不，对不诚信行为积极抵制，共同构筑良好的民事诉讼环境。

163. 当事人在诉讼中有哪些权利和义务？

当事人有权委托代理人，提出回避申请，收集、提供证据，进行辩论、请求调解，提起上诉，申请执行。当事人可以查阅本案有关材料，并可以复制本案有关材料和法律文书。查阅、复制本案有关材料的范围和办法由最高人民法院规定。当事人必须依法行使诉讼权利，遵守诉讼规则，履行发生法律效力的判决书、裁定书和调解书。

164. 哪些情况下，当事人有权要求审判人员回避？

审判人员有下列情形之一的，应当自行回避，当事人有权用口头或者书面方式申请他们回避：

（1）是本案当事人或者当事人、诉讼代理人近亲属的；

（2）与本案有利害关系的；

（3）与本案当事人、诉讼代理人有其他关系，可能影响对案件公正审理的。

另外，如果审判人员接受当事人、诉讼代理人请客送礼，或者违反规定会见当事人、诉讼代理人的，当事人有权要求他们回避。审判人员有前款规定的行为的，应当依法追究法律责任。

前面的规定，同样适用于书记员、翻译人员、鉴定人、勘验人。

165. 民诉证据的种类有哪些？

证据有下列几种：（1）当事人的陈述；（2）书证；（3）物证；（4）视听资料；（5）电子数据；（6）证人证言；（7）鉴定意见；（8）勘验笔录。以上种类的证据必须查证属实，才能作为认定事实的根据。

166. 民事诉讼中一般由谁举证？

举证的一般规则是"谁主张，谁举证"，即谁提出诉讼请求和事实理由，谁就要提供相应的证据加以证明，就负有举证责任。这是根据《民事诉讼法》第64条规定，当事人对自己提出的主张，有责任提供证据。当事人及其诉讼代理人因客观原因不能自行收集的证据，或者人民法院认为审理案件需要的证据，人民法院应当调查收集。人民法院应当按照法定程序，全面地、客观地审查核实证据。此外在民事诉讼中，有些案件也规定由被告举证，即"举证责任倒置"。其特殊规则参照法律的其他规定（特别是《侵权责任法》）。

167. 民诉起诉应要具备哪些条件？

民诉起诉必须符合下列条件：（1）原告是与本案有直接利害关系的公民、法人和其他组织；（2）有明确的被告；（3）有具体的诉讼请求和事实、理由；（4）属于人民法院受理民事诉讼的范围和受诉人民法院管辖。

168. 民诉起诉状应当记明哪些事项？

民诉起诉状应当记明下列事项：（1）原告的姓名、性别、年龄、民族、职业、工作单位、住所、联系方式，法人或者其他组织的名称、住所和法定代表人或者主要负责人的姓名、职务、联系方式；（2）被告的姓名、性别、工作单位、住所等信息，法人或者其他组织的名称、住所等信息；（3）诉讼请求和所根据的事实与理由；（4）证据和证据来源，证人姓名和住所。

169. 当事人不服人民法院一审判决或裁定的怎么办？

当事人不服人民法院一审判决的，有权在判决书送达之日起15日内向上一级人民法院提起上诉。当事人不服人民法院一审裁定的，有权在裁定书送达之日起10日内向上一级人民法院提起上诉。逾期不提起上诉的，人民法院的第一审判决或裁定发生法律效力。

170. 公民、法人或者其他组织拒绝履行判决、裁定的或仲裁机构裁决的，该怎么办？

发生法律效力的民事判决、裁定，当事人必须履行。一方拒绝履行的，对方当事人可以向人民法院申请执行，也可以由审判员移送执行员执行。调解书和其他应当由人民法院执行的法律文书，当事人必须履行。一方拒绝履行的，对方当事人可以向人民法院申请执行。

同时《民事诉讼法》还规定，对依法设立的仲裁机构的裁决，一方当事人不履行的，对方当事人可以向有管辖权的人民法院申请执行。受申请的人民法院应当执行。

171. 什么是行政复议？

行政复议，是指公民、法人或者其他组织不服行政主体作出的具体行政行为，认为行政主体的具体行政行为侵犯了其合法权益，

依法向法定的行政复议机关提出复议申请，行政复议机关依法对该具体行政行为进行合法性、适当性审查，并作出行政复议决定的行政行为。

172. 提起行政复议申请要具备哪些条件？

行政管理相对人，即普通公民、法人或组织认为行政机关及其工作人员在行使行政权时作出的具体行政行为侵犯了其合法权益，可以依法要求行政复议机关对具体行政行为进行审查和处理。

根据《行政复议法》的规定，提起行政复议申请必须具备以下条件：

（1）申请人必须是认为具体行政行为侵犯其合法权益的公民、法人或者其他组织。有权申请行政复议的公民死亡的，其近亲属可以申请行政复议。有权申请行政复议的公民为无民事行为能力人或者限制民事行为能力人的，其法定代理人可以代为申请行政复议。有权申请行政复议的法人或者其他组织终止的，承受其权利的法人或者其他组织可以申请行政复议。

（2）有明确的被申请人，就是说申请人必须在其提出的复议申请书中指明实施侵犯其合法权益并作出具体行政行为的机关。

（3）必须有具体的复议请求和事实根据。

（4）该申请属于行政复议的范围。

（5）复议申请必须在法定期限内提出。公民、法人或者其他组织认为具体行政行为侵犯其合法权益的，可以自知道该具体行政行为之日起 60 日内提出行政复议申请；但是法律规定的申请期限超过 60 日的除外。因不可抗力或者其他正当理由耽误法定申请期限的，申请期限自障碍消除之日起继续计算。

★以案释法

行政机关对民事纠纷作出的调解不适用行政复议

【案情介绍】老刘将自己的摊位租给小李经营，但是几年下来，两人因摊位租赁费问题发生了争议。后来，街道人民调解委员会找他们做调解工作，在调解员的极力调解下，老刘和小李达成了调解协议，街道人民调解委员会出具了调解书。但是回家后，老刘和老伴一合计，觉得调解结果不合算，认为调解员偏袒了小李。于是，老刘就找到区政府，要求对街道人民调解委员会作出的调解书进行行政复议。区政府工作人员拒绝了老刘的申请。

【案例评析】在我国，绝大多数行政机关的行政决定都可以提起行政复议。但是，仍有几类行政决定不可以提起行政复议：(1) 国家行为，比如与国防、外交、军事等有关的行政决定；(2) 内部人事关系处理行为，比如行政机关对工作人员的奖惩、任免等决定；(3) 对民事纠纷的调处行为，包括对民事纠纷的仲裁或者调解。老刘提起针对人民调解委员会的调解行为提起行政复议，就属于以下第三类。根据我国《人民调解法》的规定，经人民调解委员会调解达成的调解协议，具有法律约束力，当事人应当按照约定履行。当事人之间就调解协议的履行或者调解协议的内容发生争议的，一方当事人可以向人民法院提起诉讼。老刘可以向法院提起诉讼，如果确有证据证明调解员偏袒对方的，可以请求确认调解协议无效。

173. 行政复议期间，具体行政行为是否停止执行？

行政复议期间具体行政行为不停止执行；但是，有下列情形之一的，可以停止执行：(1) 被申请人认为需要停止执行的；(2) 行政复议机关认为需要停止执行的；(3) 申请人申请停止执行，行政复议机关认为其要求合理，决定停止执行的；(4) 法律法规停止执行的。

174. 行政机关受理行政复议申请是否收费？

行政复议机关受理行政复议申请，不得向申请人收取任何费用。行政复议活动所需经费，应当列入本机关的行政经费，由本级财政予以保障。

175. 行政赔偿的范围是什么？

行政机关及其工作人员在行使行政职权时有下列侵犯人身权情形之一的，受害人有取得赔偿的权利：(1) 违法拘留或者违法采取限制公民人身自由的行政强制措施的；(2) 非法拘禁或者以其他方法非法剥夺公民人身自由的；(3) 以殴打、虐待等行为或者唆使、放纵他人以殴打、虐待等行为造成公民身体伤害或者死亡的；(4) 违法使用武器、警械造成公民身体伤害或者死亡的；(5) 造成公民身体伤害或者死亡的其他违法行为。

行政机关及其工作人员在行使行政职权时有下列侵犯财产权情形之一的，受害人有取得赔偿的权利：(1) 违法实施罚款、吊销许可证和执照、责令停产停业、没收财物等行政处罚的；(2) 违法对财产采取查封、扣押、冻结等行政强制措施的；(3) 违法征收、征用财产的；(4) 造成财产损害的其他违法行为。

176. 刑事赔偿的范围是什么？

行使侦查、检察、审判职权的机关以及看守所、监狱管理机关及其工作人员在行使职权时有下列侵犯人身权情形之一的，受害人有取得赔偿的权利：(1) 违反刑事诉讼法的规定对公民采取拘留措施的，或者依照刑事诉讼法规定的条件和程序对公民采取拘留措施，但是拘留时间超过刑事诉讼法规定的时限，其后决定撤销案件、不起诉或者判决宣告无罪终止追究刑事责任的；(2) 对公民采取逮捕措施后，决定撤销案件、不起诉或者判决宣告无罪终止追究刑事责任的；（3）依照审判监督程序再审改判无罪，原判刑罚已经执行的；（4）刑讯逼供或者以殴打、虐待等行为或者唆使、放纵他人以殴打、虐待等行为造成公民身体伤害或者死亡的；（5）违法使用武器、警械造成公民身体伤害或者死亡的。

行使侦查、检察、审判职权的机关以及看守所、监狱管理机关及其工作人员在行使职权时有下列侵犯财产权情形之一的，受害人有取得赔偿的权利：（1）违法对财产采取查封、扣押、冻结、追缴等措施的；（2）依照审判监督程序再审改判无罪，原判罚金、没收财产已经执行的。

177. 如何写要求赔偿申请书？怎样递交要求赔偿申请书？

要求赔偿申请书要写如下内容：（1）受害人的姓名、性别、年龄、工作单位和住所，法人或者其他组织的名称、住所和法定代表人或者主要负责人的姓名、职务；（2）具体的要求、事实根据和理由；（3）申请的年、月、日。

赔偿请求人书写申请书确有困难的，可以委托他人代书；也可以口头申请，由赔偿义务机关记入笔录。赔偿请求人不是受害人本人的，应当说明与受害人的关系，并提供相应证明。

赔偿请求人当面递交申请书的，赔偿义务机关应当当场出具加盖本行政机关专用印章并注明收讫日期的书面凭证。申请材料不齐全的，赔偿义务机关应当当场或者在5日内一次性告知赔偿请求人需要补正的全部内容。

178. 国家赔偿义务机关作出决定的期限是多长？

赔偿义务机关应当自收到申请之日起2个月内，作出是否赔偿的决定。赔偿义务机关作出赔偿决定，应当充分听取赔偿请求人的意见，并可以与赔偿请求人就赔偿方式、赔偿项目和赔偿数额依照《国家赔偿法》第四章的规定进行协商。赔偿义务机关决定赔偿的，

应当制作赔偿决定书，并自作出决定之日起10日内送达赔偿请求人。赔偿义务机关决定不予赔偿的，应当自作出决定之日起10日内书面通知赔偿请求人，并说明不予赔偿的理由。

179. 侵犯公民人身自由的赔偿如何计算？

侵犯公民人身自由的，每日的赔偿金按照国家上年度职工日平均工资计算。

★以案释法

赔偿机关应对免责事由承担举证责任

【案情介绍】2013年4月5日，蒙某某因涉嫌盗窃罪被当地市公安局某某分局刑事拘留，同月28日，被当地区人民检察院批准逮捕。2014年1月9日，区人民检察院以事实不清、证据不足为由，依据《刑事诉讼法》第171条第4款的规定，决定对蒙某某不起诉。

2014年2月8日，蒙某某以无罪逮捕被错误关押为由，向区人民检察院提出国家赔偿申请。区人民检察院认为，蒙某某在审查批捕阶段做了虚假供述，即承认其在公安机关所作供述是虚假的，导致作出批捕决定，不属于国家赔偿法规定的情形，决定不予赔偿。蒙某某向南宁市人民检察院提出复议。

2014年6月13日，市人民检察院作出复议决定，认为公安机关提取证据存在瑕疵，在此期间蒙某某所作的有罪供述应予排除，不应认定为其故意作虚假供述，蒙某某请求赔偿的事项属于国家赔偿法规定的赔偿范围；决定撤销某某区人民检察院刑事赔偿决定书，某某区人民检察院支付蒙某某人身自由赔偿金55992.51元。

【案例分析】本案是关于免责条款适用的国家赔偿案件。本案中，赔偿请求人蒙某某提出赔偿申请后，赔偿义务机关区人民检察院认为，蒙某某在审查批捕阶段做了虚假有罪供述，导致作出批捕决定，属于国家赔偿法规定的情形。上述认定忽视了有罪供述与故意作虚伪供述在认识因素和意志因素等方面的重要区别。即区人民检察院不能把曾经作过有罪供述一概认定为故意作虚伪供述，只有查明行为人主观上确实出于故意，并作出了与客观真相相反的供述，才能依法认定为故意作虚伪供述。在实践中，赔偿义务机关主张依据《国家赔偿法》第19条规定的情形免除赔偿责任的，应当就该免责事由的成立承担举证责任。

180. 侵害公民生命健康权的赔偿如何计算？

侵犯公民生命健康权的，赔偿金按照下列规定计算：（1）造成身体伤害的，应当支付医疗费、护理费，以及赔偿因误工减少的收入。减少的收入每日的赔偿金按照国家上年度职工日平均工资计算，最高额为国家上年度职工年平均工资的5倍；（2）造成部分或者全部丧失劳动能力的，应当支付医疗费、护理费、残疾生活辅助具费、康复费等因残疾而增加的必要支出和继续治疗所必需的费用，以及残疾赔偿金。残疾赔偿金根据丧失劳动能力的程度，按照国家规定的伤残等级确定，最高不超过国家上年度职工年平均工资的20倍。造成全部丧失劳动能力的，对其扶养的无劳动能力的人，还应当支付生活费；（3）造成死亡的，应当支付死亡赔偿金、丧葬费，总额为国家上年度职工年平均工资的20倍。对死者生前扶养的无劳动能力的人还应当支付生活费。前款第（2）项、第（3）项规定的生活费的发放标准，参照当地最低生活保障标准执行。被扶养人的人是未成年人的，生活费给付至18周岁止；其他无劳动能力的人，生活费给付至死亡时止。

关于精神损害的赔偿，《国家赔偿法》第35条规定，有该法第3条或者第17条规定情形之一，致人精神损害的，应当在侵权行为影响的范围内，为受害人消除影响，恢复名誉，赔礼道歉；造成严重后果的，应当支付相应的精神损害抚慰金。该两个条文主要是指

行政赔偿和刑事赔偿中对受害人人身权利侵犯的情形。

181. 对财产损害的赔偿如何计算?

侵犯公民、法人和其他组织的财产权造成损害的，按照下列规定处理：

（1）处罚款、罚金、追缴、没收财产或者违法征收、征用财产的，返还财产；

（2）查封、扣押、冻结财产的，解除对财产的查封、扣押、冻结，造成财产损坏或者灭失的，依照下列第（3）点、第（4）点的规定赔偿；

（3）应当返还的财产损坏的，能够恢复原状的恢复原状，不能恢复原状的，按照损害程度给付相应的赔偿金；

（4）应当返还的财产灭失的，给付相应的赔偿金；

（5）财产已经拍卖或者变卖的，给付拍卖或者变卖所得的价款；变卖的价款明显低于财产价值的，应当支付相应的赔偿金；

（6）吊销许可证和执照、责令停产停业的，赔偿停产停业期间必要的经常性费用开支；

（7）返还执行的罚款或者罚金、追缴或者没收的金钱，解除冻结的存款或者汇款的，应当支付银行同期存款利息；

（8）对财产权造成其他损害的，按照直接损失给予赔偿。

第十章 农村医疗卫生

182. 什么情形下构成非法行医？

非法行医是指无医生执业资格从事诊疗活动，包括在医疗机构中从事诊疗活动和擅自开业从事诊疗活动。我国法律规定非法行医犯罪行为的5种情形是：

（1）未取得或者以非法手段取得医师资格从事医疗活动的；

（2）个人未取得《医疗机构执业许可证》开办医疗机构的；

（3）被依法吊销医师执业证书期间从事医疗活动的；

（4）未取得乡村医生执业证书，从事乡村医疗活动的；

（5）家庭接生员实施家庭接生以外的医疗行为的。

非法行医若情节严重或者造成严重后果，将会构成刑事责任。

★以案释法

乡村医生私设诊所是不是非法行医

【案例介绍】2012年4月至2013年12月间，穆某在未取得合法医生执业资格的情况下，在某镇暂住处开设个体诊所非法行医，被卫生局两次处以行政处罚仍不停止其非法行医行为。2013年12月，穆某再次向他人非法行医时被抓获。庭审中，穆某的辩护人认为他在老

家某县已取得乡村医生执业资格证书，且行医11年从未发生医疗事故，其行为与江湖游医牟取暴利有本质区别，建议法庭减轻处罚。

【案例评析】 被告人穆某虽已取得乡村医生行医资格，但其未取得《医疗机构执业许可证》以及《医师资格证》，开办不符合医疗卫生安全的诊所，并且在医疗卫生行政主管部门给予两次行政处罚以后再次非法行医，属于情节严重，其行为已构成非法行医罪，据此某法院判处其非法行医罪。《执业医师法》规定，在乡村医疗卫生机构中向村民提供预防、保健和一般医疗服务的乡村医生，符合本法有关规定的，可以依法取得执业医师资格或者执业助理医师资格；不具备本法规定的执业医师资格或者执业助理医师资格的乡村医生，由国务院另行制定管理办法。此规定符合我国现阶段农村卫生技术人员严重不足的现状。

183. 我国免疫接种的疫苗有哪些？

根据《扩大国家免疫规划实施方案》的规定，到2010年中国大部分地区已经基本按方案要求，在全国范围内使用的乙肝疫苗、卡介苗、脊髓灰质炎疫苗、百白破疫苗、麻疹疫苗、白破疫苗等6种国家免疫规划疫苗基础上，以无细胞百白破疫苗替代百白破疫苗，将甲肝疫苗、流脑疫苗、乙脑疫苗、麻风腮疫苗纳入国家免疫规划，对适龄儿童进行常规接种。在重点地区对重点人群进行出血热疫苗接种；发生炭疽、钩端螺旋体病疫情或发生洪涝灾害可能导致钩端螺旋体病暴发流行时，对重点人群进行炭疽疫苗和钩体疫苗应急接种。上述疫苗属于第一类疫苗，是政府免费向公民提供，公民应当依照政府的规定受种的疫苗。同时，我国目前常用的第二类疫苗有流感疫苗、水痘疫苗、B型流感嗜血杆菌疫苗、口服轮状病毒疫苗、肺炎疫苗、狂犬病疫苗等。此类疫苗属于由公民自费并且自愿受种的其他疫苗。

184. 乡村医生有哪些情形应承担相应的法律责任？

《乡村医生从业管理条例》规定，有下列行为之一者，县卫生局责令限期改正，给予警告；逾期不改正的，责令暂停 3 个月以上 6 个月以下执业活动；情节严重的，由原发证部门暂扣乡村医生执业证书：（1）执业活动超出规定的执业范围，或者未按照规定进行转诊的；（2）违反规定使用乡村医生基本用药目录以外的处方药品的；（3）违反规定出具医学证明，或者伪造卫生统计资料的；（4）发现传染病疫情、中毒事件不按规定报告的。

乡村医生在执业活动中，违反规定进行实验性临床医疗活动，或者重复使用一次性医疗器械和卫生材料的，由县级人民政府卫生行政主管部门责令停止违法行为，给予警告，可以并处 1000 元以下的罚款；情节严重的，由原发证部门暂扣或者吊销乡村医生执业证书。

未经注册在村医疗卫生机构从事医疗活动的，由县级以上地方人民政府卫生行政主管部门予以取缔，没收其违法所得以及药品、医疗器械，违法所得 5000 元以上的，并处违法所得 1 倍以上 3 倍以下的罚款；没有违法所得或者违法所得不足 5000 元的，并处 1000 元以上 3000 元以下的罚款；造成患者人身损害的，依法承担民事赔偿责任；构成犯罪的，依法追究刑事责任。

185. 医疗损害责任中怎样归结法律责任？

《侵权责任法》规定，患者在诊疗活动中受到损害，医疗机构及其医务人员有过错的，由医疗机构承担赔偿责任。这就是说，医疗损害归责原则上适用过错责任，即医疗机构及其医务人员有过错的，才承担赔偿责任。

但医疗行为是特殊的民事行为，在发生侵权责任时，患者一方处于相对不利的地位，因此在特殊的情形下，规定了过错推定的归责原则，以保护患者的权利。根据《侵权责任法》第58条规定，患者有损害，有下列情形之一的，推定医疗机构有过错：

（1）违反法律、行政法规、规章以及其他有关诊疗规范的规定；

（2）隐匿或者拒绝提供与纠纷有关的病历资料；

（3）伪造、篡改或者销毁病历资料。

★以案释法

发生医疗事故损害，患者该如何追讨赔偿

【案情介绍】殷某某因颈部长了一个肿块，父母带他来到了当地有名的医院治疗。该院的医生对殷某某的病情诊断后，为其作了甲状舌管囊肿切除术。但手术后出院不久，殷某某便出现全身浮肿、怕冷、乏力等明显症状，其父母遂带殷某某到某中心医院进行检查。经检查后得知，殷某某的甲状腺被完全切除，致使殷某某甲状腺永久性缺失。而甲状腺是人体重要的内分泌器官，其缺失会对人身产生严重影响。换句话说，殷某某将要终生服用替代药物，并且要定期抽血化验，检查身体。无奈之下，他们到法院起诉。而审理过程中，作为被告的医院拒不承认治疗过程中存在过失。但经律师申请专业机构鉴定后认定“医院存在医疗过失，其医疗过失与殷某某甲状腺功能缺失存在因果关系”，并同时认定“殷某某构成四级伤残”。在权威部门的鉴定面前，该医院不得不承认其存在过失。最后，法院作出了一审判决，判决医院承担全部赔偿责任。

【案例评析】在现今发达的医疗条件下，面对复杂的病情，医疗机构难免也会存在误诊误治的情况。而且在判定医疗行为的过程中，患者难免处于专业知识和举证难度双重不利的劣势上。在这场2年之久的案件中，律师面对专业的医学问题，只能通过不断申请专业

机构的认定，才让本案的案情渐渐明晰。因此在《侵权责任法》中相应加重了医疗机构的举证责任，平衡医患双方在专业知识上的不对等，更好地促进和谐的医疗环境。

186. 法律对保护患者的知情同意权作出哪些规定？

医务人员在诊疗活动中应当向患者说明病情和医疗措施。需要实施手术、特殊检查、特殊治疗的，医务人员应当及时向患者说明医疗风险、替代医疗方案等情况，并取得其书面同意；不宜向患者说明的，应当向患者的近亲属说明，并取得其书面同意。医务人员未尽到这一义务，造成患者损害的，医疗机构应当承担赔偿责任。

同时也规定了例外情形，因抢救生命垂危的患者等紧急情况，不能取得患者或者其近亲属意见的，经医疗机构负责人或者授权的负责人批准，可以立即实施相应的医疗措施。

187. 因药品、医疗器械等缺陷造成患者损害的应如何维权？

因药品、消毒药剂、医疗器械的缺陷，或者输入不合格的血液造成患者损害的，患者可以向生产者或者血液提供机构请求赔偿，也可以向医疗机构请求赔偿。患者向医疗机构请求赔偿的，医疗机构赔偿后，有权向负有责任的生产者或者血液提供机构追偿。

188. 医疗机构不承担赔偿责任的情况有哪些？

患者有损害，有下列情形之一的，医疗机构不承担赔偿责任：

（1）患者或者其近亲属不配合医疗机构进行符合诊疗规范的诊疗；

（2）医务人员在抢救生命垂危的患者等紧急情况下已经尽到合理诊疗义务；

（3）限于当时的医疗水平难以诊疗。

在上述情形中，医疗机构及其医务人员如果有过错的，应当承

担相应的赔偿责任。

189. 患者死亡，医患双方当事人不能确定死因或者对死因有异议应如何处理？

患者死亡，医患双方当事人不能确定死因或者对死因有异议的，应当在患者死亡后48小时内进行尸检；具备尸体冻存条件的，可以延长至7日。尸检应当经死者近亲属同意并签字。尸检应当由按照国家有关规定取得相应资格的机构和病理解剖专业技术人员进行。承担尸检任务的机构和病理解剖专业技术人员有进行尸检的义务。

医疗事故争议双方当事人可以请法医病理学人员参加尸检，也可以委派代表观察尸检过程。拒绝或者拖延尸检，超过规定时间，影响对死因判定的，由拒绝或者拖延的一方承担责任。

第十一章 农民权益保障

190. 没有法律、法规依据的收费、罚款或摊派，农民能否拒交？

任何机关或者单位向农民或者农业生产经营组织收取行政、事业性费用必须依据法律、法规的规定。收费的项目、范围和标准应当公布。没有法律、法规依据的收费，农民和农业生产经营组织有权拒绝。

任何机关或者单位对农民或者农业生产经营组织进行罚款处罚必须依据法律、法规、规章的规定。没有法律、法规、规章依据的罚款，农民和农业生产经营组织有权拒绝。

任何机关或者单位不得以任何方式向农民或者农业生产经营组织进行摊派。除法律、法规另有规定外，任何机关或者单位以任何方式要求农民或者农业生产经营组织提供人力、财力、物力的，属于摊派。农民和农业生产经营组织有权拒绝任何方式的摊派。

191. 可以随便向农民摊派税款吗？

不可以。农民或者农业生产经营组织依照法律、行政法规的规定承担纳税义务。税务机关及代扣、代收税款的单位应当依法征税，不得违法摊派税款及以其他违法方法征税。

192. 能否通过农村中小学向农民收费？

不能。农村义务教育除按国务院规定收取的费用外，不得向农民和学生收取其他费用。禁止任何机关或者单位通过农村中小学向农民收费。

193. 能否强迫农民接受服务？

不能。任何单位或者个人向农民或者农业生产经营组织提供生产、技术、信息、文化、保障等有偿服务，必须坚持自愿坚持，不得强迫农民和农业生产经营组织接受服务。

194. 能否在农产品收购支付价款中扣除其他费用？

不能。农产品收购单位在收购农产品时，不得压级压价，不得在支付的价款中扣缴任何费用。法律、行政法规规定代扣、代收税款的，依照法律、行政法规的规定办理。

农产品收购单位与农产品销售者因农产品的质量等级发生争议的，可以委托具有法定资质的农产品质量检验机构检验。

195. 因生产资料质量问题遭受损失可以从哪里能得到赔偿？

农业生产资料使用者因生产资料质量问题遭受损失的，出售该生产资料的经营者应当予以赔偿，赔偿额包括购货价款、有关费用和可得利益损失。

★以案释法

要以真实案例教农民辨别真假化肥

【案情介绍】某县工商执法工作人员随机进入当地农资经销点，以某集团生产的复合肥为正品示范，对比市场上假冒、劣质肥料，告诉农民怎样辨别真假肥料，如何购买正规厂家生产的合格产品。由于农资市场纷繁复杂，作假、制假屡见不鲜，而制假分子流动性大、隐蔽性强。这给给工商、农业执法、质检部门加大了打击难度。除了每年“3·15”曝光一些企业产品不达标或是突击检查商家店面产品以外，那些“一年换一个包装，换一个牌子”的劣质产品很难从源头加以打击、取缔。这不仅混淆了农民的辨别能力，而且扰乱了市场秩序，给优质的好产品进入新市场增加了推广难度。

【案例评析】农业行政主管部门应当按照规定对辖区内的肥料生产、经营和使用单位的肥料进行定期或不定期监督、检查，必要时按照规定抽取样品和索取有关资料，有关单位不得拒绝和隐瞒。对质量不合格的产品，要限期改进。对质量连续不合格的产品，肥料登记证有效期满后不予续展。众所周知，庄稼一枝花，全靠肥当家。农民如果买到劣质化肥或是假化肥都会导致作物减产甚至绝收，一年的投入都会付诸东流、血本无归。农业行政管理部门应加大对肥料的检查力度，打假扶优，普及农化知识，当好农民的慧眼，增强农民辨别真伪的能力，减少由于知识欠缺购买到假冒伪劣产品。

196. 农村五保供养的大致内容是什么？供养对象有哪些？

答：农村五保供养，是指依照《农村五保供养工作条例》的规定，在吃、穿、住、医、葬方面给予村民的生活照顾和物质帮助。

供养的范围是，老年、残疾或者未满16周岁的村民，无劳动能力、无生活来源又无法定赡养、抚养、扶养义务人，或者其法定赡养、抚养、扶养义务人无赡养、抚养、扶养能力的，享受农村五保供养待遇。对于已满16周岁仍在接受义务教育的，仍应当保障他们依法接受义务教育所需费用。

197. 农村五保办理的程序有哪些？

享受农村五保供养待遇，应当由村民本人向村民委员会提出申请；因年幼或者智力残疾无法表达意愿的，由村民小组或者其他村民代为提出申请。经村民委员会民主评议，对符合《农村五保供养

工作条例》第6条规定条件的，在本村范围内公告；无重大异议的，由村民委员会将评议意见和有关材料报送乡、民族乡、镇人民政府审核。

乡、民族乡、镇人民政府应当自收到评议意见之日起20日内提出审核意见，并将审核意见和有关材料报送县级人民政府民政部门审批。县级人民政府民政部门应当自收到审核意见和有关材料之日起20日内作出审批决定。对批准给予农村五保供养待遇的，发给《农村五保供养证书》；对不符合条件不予批准的，应当书面说明理由。

乡、民族乡、镇人民政府应当对申请人的家庭状况和经济条件进行调查核实；必要时，县级人民政府民政部门可以进行复核。申请人、有关组织或者个人应当配合、接受调查，如实提供有关情况。

198. 农村五保供养的具体内容有哪些？

农村五保供养包括下列供养内容：（1）供给粮油、副食品和生活用燃料；（2）供给服装、被褥等生活用品和零用钱；（3）提供符合基本居住条件的住房；（4）提供疾病治疗，对生活不能自理的给予照料；（5）办理丧葬事宜。

农村五保供养对象未满16周岁或者已满16周岁仍在接受义务教育的，应当保障他们依法接受义务教育所需费用。农村五保供养对象的疾病治疗，应当与当地农村合作医疗和农村医疗救助制度相衔接。

★以案释法

村委会擅自处理“五保户”遗产，继承权人该如何维权

【案情介绍】某县某村军人遗孀李老太无儿无女，经人介绍和邻居赵大爷认识并结婚。双方结婚时赵大爷有一女儿未满16周岁。若

干年后，赵大爷因病去世，李老太向当地村委会申请"五保"，获得批准后，村委会负责李老太的生活起居和日常开销。几年后，李老太因病去世，村委会将其居住的5间北房及其他遗产一并卖与本村村民。此时，赵大爷的女儿成家另过后，已经先于赵大爷去世多年，其外孙女刘女士向法院提起诉讼，主张代位其母继承李老太的遗产，申请法院判令村委会与村民签订的房屋买卖合同无效，并将所有财产依法予以返还。

【案例评析】对于本案，我们应该明确"五保"的社会公益的性质。"五保"政策是国家对无依无靠农村弱势群体的一种社会福利，这种福利并不具有对等的权利义务。因此，村委会赡养老人并不构成有权处置其遗产的法定理由，刘女士仍然有权对其外祖母（李老太）的遗产行使代位继承权。依照现有的民事法律的相关规定，如果被救助的老人没有继承人，其去世后的遗产作为无主财产当然属于国家所有，村委会作为基层组织的代表应当依法取得处置权。但是，如果"五保户"对象有合法继承人，村委会不得以其未尽赡养义务为由，擅自处分其遗产。本案中，刘女士作为李老太的法定继承人，可以依法取得遗产。但是李老太和刘女士作为五保政策的实际获益人，基于公平原则，在刘女士继承李老太遗产的时候，应该从遗产部分扣除村委会在"五保"期间为照顾李老太支出的合理费用，以及李老太去世后的丧葬、人工费用等花销。

199. 各级财政对新农合的补助标准是多少？

《关于做好2015年新型农村合作医疗工作的通知》规定，2015年起，财政补助标准从每人每年320元提高到380元。其中，比照西部开发政策县（市、区），中央财政补助268元，省财政补助97元，市县财政承担15元；对其他县（市、区），中央财政补助216元，省财政补助123元，市县财政承担41元。

200. 新农合农民应该缴费多少？

《关于做好 2015 年新型农村合作医疗工作的通知》规定，各级财政部门要认真落实财政补助资金，保证新农合基金按时足额拨付到位。参合农民个人缴费标准达到每人每年 120 元左右。

201. 新农合政策范围内的住院费用报销比例是多少？

合理调整新农合统筹补偿方案，将政策范围内门诊和住院费用报销比例分别提高到 50% 和 75% 左右。以省（区、市）为单位统一制订新农合报销药品目录和诊疗项目目录，建立完善目录动态调整机制。严格控制目录外费用占比，缩小政策报销比和实际报销比之间的差距。加强门诊与住院补偿方案的衔接，适当提高门诊手术、日间手术等门诊诊疗报销比例，合理设置住院起付线或低费用段报销政策，控制门诊转住院行为。将符合条件的村卫生室、非公立医疗机构、养老机构内设医疗机构等纳入新农合定点范围，满足参合群众多样化需求。

202. 国家对大病医保有何政策？

2015 年，各地要全面推开利用新农合基金购买大病保险工作，尽早启动大病保险补偿兑付。以省（区、市）为单位实现城乡居民大病保险的统一政策，统一组织实施，提高抗风险能力。要建立健全招标机制，以地市或省为单位委托有资质的商业保险机构承办大病保险。要根据新农合基金规模、基本医保保障范围与保障水平、高额医疗费用人群分布等影响因素，科学调整大病保险筹资标准。健全以保障水平和参保人员满意度等为主要内容的商业保险机构考核评价机制，激励商业保险机构发挥专业优势，规范经办服务行为。鼓励各地在委托商业保险机构承办大病保险业务的基础上，将新农合基本保障经办服务工作委托商业保险公司一并负责，打通基本医保和大病保险经办服务通道，实现“一站式”全流程服务。

将儿童先天性心脏病等重大疾病以按病种付费方式纳入新农合支付方式改革，先执行新农合报销政策，再按大病保险有关规定予以报销。

203. 扶养人、监护人及亲属对残疾人有哪些责任？

残疾人的扶养人必须对残疾人履行扶养义务。残疾人的监护人必须履行监护职责，尊重被监护人的意愿，维护被监护人的合法权益。残疾人的亲属、监护人应当鼓励和帮助残疾人增强自立能力。禁止对残疾人实施家庭暴力，禁止虐待、遗弃残疾人。

204. 残疾人在法律上有哪些优先服务？

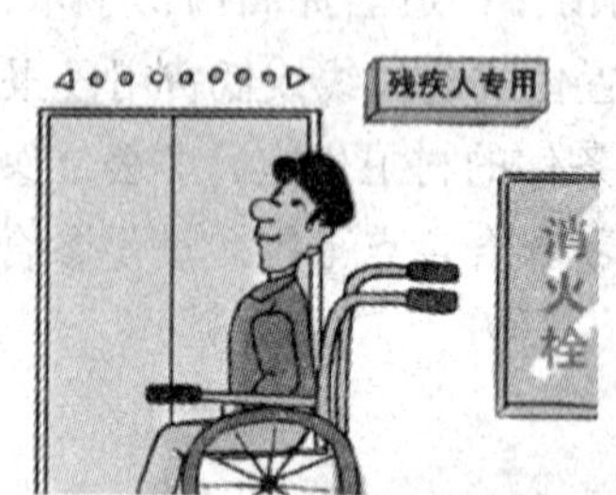

县级以上人民政府对残疾人搭乘公共交通工具，应当根据实际情况给予便利和优惠。残疾人可以免费携带随身必备的辅助器具。盲人持有效证件免费乘坐市内公共汽车、电车、地铁、渡船等公共交通工具。盲人读物邮件免费寄递。国家鼓励和支持提供电信、广播电视服务的单位对盲人、听力残疾人、言语残疾人给予优惠。各级人民政府应当逐步增加对残疾人的其他照顾和扶助。

公共服务机构和公共场所应当创造条件，为残疾人提供语音和文字提示、手语、盲文等信息交流服务，并提供优先服务和辅助性服务。公共交通工具应当逐步达到无障碍设施的要求。有条件的公共停车场应当为残疾人设置专用停车位。

205. 未成年人享有哪些权利？

未成年人享有生存权、发展权、受保护权、参与权等权利，国家根据未成年人身心发展特点给予特殊、优先保护，保障未成年人

的合法权益不受侵犯。未成年人享有受教育权，国家、社会、学校和家庭尊重和保障未成年人的受教育权。未成年人不分性别、民族、种族、家庭财产状况、宗教信仰等，依法平等地享有权利。

★以案释法

离婚后抚养协议该如何约定

【案情介绍】原告博小某的法定代理人刘某与被告博某原系夫妻关系，于2011年1月26日生有一子博小某，即本案原告。原告法定代理人与被告于2011年4月26日在区民政局协议离婚，后于2011年6月8日复婚。2012年5月27日二人签订了夫妻分居协议，协议约定：分居期间原告由其母刘某抚养，被告每月给付抚养费1500元，于每月12日前支付，从次月开始支付抚养费；逾期未转账，则赔偿违约金30000元／次。2012年6月至2012年10月被告每月给付原告抚养费1500元，2012年11月开始不再给付。2014年5月28日，原告法定代理人与被告经市人民法院判决离婚，判决原告随其母刘某共同生活，被告博某自2014年6月起每月给付原告抚养费1900元，至原告博小某18周岁止。后博小某将博某诉至某区人民法院，请求支付2012年12月至2014年5月间的抚养费，并依约支付违约金。

【案例评析】在本案中，原告的法定代理人与被告签订了夫妻分居协议，该协议约定婚生子由一方抚养，另一方每月给付抚养费，并约定了迟延履行要支付违约金的条款。抚养费的给付是基于身为父母的法定义务，而并非基于父母双方的协议，该协议可以且只能约定抚养费的数额，且该法定义务不能因父母双方的协议而免除。因此，公民法定义务的履行只能依据法律法规的约束，而不宜因公民之间约定的违约金条款而予以约束。抚养费设立的初衷是为了保护离婚后未成年人子女的合法权益，是以施加未直接抚养一方法定义务的方式，努力使得未成年子女的生活恢复到其父母离婚前的状态。抚养费本质上是一种针对未成年人的保障，因此，抚养人不应以违约金的形式从子女的抚养费中获利。

206. 监护人对未成年人有什么法定的教育职责？

父母或者其他监护人应当创造良好、和睦的家庭环境，依法履行对未成年人的监护职责和抚养义务。禁止对未成年人实施家庭暴力，禁止虐待、遗弃未成年人，禁止溺婴和其他残害婴儿的行为，不得歧视女性未成年人或者有残疾的未成年人。

父母或者其他监护人应当关注未成年人的生理、心理状况和行为习惯，以健康的思想、良好的品行和适当的方法教育和影响未成年人，引导未成年人进行有益身心健康的活动，预防和制止未成年人吸烟、酗酒、流浪、沉迷网络以及赌博、吸毒、卖淫等行为。

父母或者其他监护人应当尊重未成年人受教育的权利，必须使适龄未成年人依法入学接受并完成义务教育，不得使接受义务教育的未成年人辍学。

★以案释法

因无力抚养，年轻夫妇将幼子“送去”好人家算是犯罪吗

【案情介绍】被告人王某、杨某夫妇已生育二子一女，2010 年 9 月 16 日，又生下一男婴。2011 年 2 月，被告人与王某某经协商达成协议，将亲生男孩过继给王某某扶养。王某某支付王某、杨某夫妇二人哺乳费人民币 4 万元。协议签订后，王某某支付给被告人王某、杨某人民币 1 万元，将该男婴带回家中。2011 年 10 月 20 日，杨某被公安人员抓获。王某也主动到公安机关投案自首。

【案例评析】本案是典型的出卖亲生子女的行为，对该种行为是构成拐卖儿童罪还是遗弃罪，司法实践中一直以来都存在争议。

在现实生活中，将亲生子女出卖的情况是纷繁复杂的，需要具体分析。就本案而言，被告人王某和杨某抚养3个小孩确实很困难，所以才产生了将小儿子送给他人抚养以减轻负担的想法。被告人是在了解到王某某确实想收养孩子后，才将孩子送出，协议中也约定可以到家探访，故从中可以看出被告人王某、杨某将自己的孩子送出，是希望其可以得到更好的抚养。因此可以判断被告出卖亲生子女的行为，其主观目的在于放弃或拒绝承担抚养义务，而非将亲生子女当作商品予以出卖，认定其行为构成遗弃罪而非拐卖儿童罪更符合罪刑相适应原则。

207. 学校能否开除未成年学生？

学校应当尊重未成年学生受教育的权利，关心、爱护学生，对品行有缺点、学习有困难的学生，应当耐心教育、帮助，不得歧视，不得违反法律和国家规定开除未成年学生。

208. 学校能否对未成年人实施体罚？

学校、幼儿园、托儿所的教职员工应当尊重未成年人的人格尊严，不得对未成年人实施体罚、变相体罚或者其他侮辱人格尊严的行为。

209. 父母能否查阅未成年人的信件、日记、电子邮件？

任何组织或者个人不得披露未成年人的个人隐私。对未成年人的信件、日记、电子邮件，任何组织或者个人不得隐匿、毁弃；除因追查犯罪的需要，由公安机关或者人民检察院依法进行检查，或者对无行为能力的未成年人的信件、日记、电子邮件由其父母或者其他监护人代为开拆、查阅外，任何组织或者个人不得开拆、查阅。

210. 法律对妇女权益保护是怎样规定的？

《妇女权益保障法》第2条规定，妇女在政治的、经济的、文化的、社会的和家庭的生活等各方面享有同男子平等的权利。实行男女平等是国家的基本国策。国家采取必要措施，逐步完善保障妇女权益的各项制度，消除对妇女一切形式的歧视。国家保护妇女依法享有的特殊权益。禁止歧视、虐待、遗弃、残害妇女。

★以案释法

不堪忍受家暴多年，女子杀害亲夫该如何判罚

【案情介绍】被告人施某与被害人张某系夫妻关系。张某经常无故打骂施某，为此施某曾报警。某日，张某又因琐事持续辱骂及殴打施某，并将家中的手机等物品砸坏。次日5时许，施某因长期遭张某打骂，心生怨恨，遂趁张某熟睡，持家中一把铁榔头击打张头面部，见张某头部出血后，让居住于同幢楼的其子张小某拨打120抢救。后施某随同亲友将张某送医院，但抢救无效死亡。案发后，施某主动向公安机关投案自首。

【案例评析】本案系遭受家庭暴力的妇女"以暴制暴"致施暴人死亡的典型案件。根据最高人民法院、最高人民检察院、公安部、司法部《关于依法办理家庭暴力犯罪案件的意见》的规定，对于因遭受严重家庭暴力，身体、精神受到重大损害而故意杀害施暴人；或者因不堪忍受长期家庭暴力而故意杀害施暴人，犯罪情节不是特别恶劣，手段不是特别残忍的，可以认定为《刑法》第232条规定的故意杀人"情节较轻"。本案中，人民法院综合考虑被害人在案发

前实施家暴、存在重大过错，以及案发后被告人有自首情节，积极参与抢救，主观恶性和人身危险性相对较小等因素，对被告人从宽处罚，较好体现了宽严相济的刑事政策。

211. 国家对赡养老人的义务作出哪些规定?

根据《老年人权益保障法》规定，赡养人应当对老年人履行以下法律义务。

（1）应当履行对老年人经济上供养、生活上照料和精神上慰藉的义务，照顾老年人的特殊需要。

（2）应当使患病的老年人及时得到治疗和护理；对经济困难的老年人，应当提供医疗费用。对生活不能自理的老年人，赡养人应当承担照料责任；不能亲自照料的，可以按照老年人的意愿委托他人或者养老机构等照料。

（3）应当妥善安排老年人的住房，不得强迫老年人居住或者迁居条件低劣的房屋。老年人自有的或者承租的住房，子女或者其他亲属不得侵占，不得擅自改变产权关系或者租赁关系。老年人自有的住房，赡养人有维修的义务。

（4）有义务耕种或者委托他人耕种老年人承包的田地，照管或者委托他人照管老年人的林木和牲畜等，收益归老年人所有。

（5）应当关心老年人的精神需求，不得忽视、冷落老年人。与老年人分开居住的家庭成员，应当经常看望或者问候老年人。

（6）不得以放弃继承权或者其他理由，拒绝履行赡养义务。赡养人不履行赡养义务，老年人有要求赡养人付给赡养费等权利。赡养人不得要求老年人承担力不能及的劳动。

（7）不得干涉老人的婚姻自由，即不得干涉老年人离婚、再婚及婚后的生活。赡养义务不因老年人的婚姻关系变化而消除。

（8）不得干涉其财产权，老年人对个人的财产，依法享有占有、使用、收益和处分的权利，子女或者其他亲属不得干涉，不得以窃取、骗取、强行索取等方式侵犯老年人的财产权益。

★以案释法

酒后争执，女婿挥拳打岳父

【案情介绍】一家人共进晚餐同享天伦之乐，谁料酒后因金钱问题引发争执，女婿恼羞成怒挥拳打向岳父，最终打人者进了班房。

经派出所初步审查，王某交代当晚与岳父张某酒后因催收债务问题发生争执，其一气之下挥拳打伤岳父。原来，当晚张某准备了丰盛的晚餐接待女儿和女婿一家人，而女婿王某也高兴地买来了1瓶白酒和2瓶啤酒助兴。晚餐一开始，一家人有说有笑，气氛非常融洽。酒足饭饱，张某向王某提出要其归还几年前所借的4万元钱，而王某听后拒绝了，还借着酒劲大声说"我就是不还，你有本事杀了我"等刺激张某的话。张某想不到女婿竟如此赖账，顿时酒气上冲，两人相互撕扯起来，王某便挥拳打向岳父的头部。

目前，违法行为人王某已被治安拘留。

【案例评析】就本案来看，是以金钱借贷的民事纠纷为导火索引发的人身侵权案件。本案中，抛开岳父张某和女婿王某之间的民事债务关系，就王某殴打张某的行为显然已经触犯了《治安管理处罚法》第43条的规定，侵犯了张某的人身权利，将受到法律的处罚。而且事件中，王某不但要为此承担行政责任，还要对张某承担一定的民事赔偿责任。在生活中，不免遇到喝酒助兴的时候，但是一定要控制自己饮酒的量，以免发生像案件中那样令人不悦的事，甚至是把自己送入班房的违法行为。

第十二章　农村治安防控

212. 常见的违反治安管理行为有哪些？

常见的违反治安管理行为主要有以下几种：(1) 扰乱公共场所、公共交通的行为；(2) 扰乱大型活动秩序的行为；(3) 寻衅滋事行为；(4) 侵犯人身权利的行为；(5) 对殴打他人行为的处罚；(6) 对猥亵他人或者有伤风化行为的处罚。

213. 治安管理处罚的种类有几种？

治安管理处罚的种类分为：(1) 警告；(2) 罚款；(3) 行政拘留；(4) 吊销公安机关发放的许可证。此外，对违反治安管理的外国人，可以附加适用限期出境或者驱逐出境。

214. 未成年人违反治安管理如何承担责任？

已满 14 周岁不满 18 周岁的人违反治安管理的，从轻或者减轻处罚；不满 14 周岁的人违反治安管理的，不予处罚，但是应当责令其监护人严加管教。

215. 醉酒的人违反治安管理应承担责任吗？

醉酒的人违反治安管理的，应当给予处罚。醉酒的人在醉酒状态中，对本人有危险或者对他人的人身、财产或者公共安全有威胁的，应当对其采取保护性措施约束至酒醒。

216. 侵犯人身权利的违反治安管理的行为应受何种处罚？

对于侵犯他人人格权的行为和处罚，法律规定有下列行为之一的，处5日以下拘留或者500元以下罚款；情节较重的，处5日以上10日以下拘留，可以并处500元以下罚款：

（1）写恐吓信或者其他方法威胁他人人身安全的；

（2）公然侮辱他人或者捏造事实诽谤他人的；

（3）捏造事实诬告陷害他人，企图使他人受到刑事追究或者受到治安管理处罚的；

（4）对证人及其近亲属进行威胁、侮辱、殴打或者打击报复的；

（5）多次发送淫秽、侮辱、恐吓或者其他信息，干扰他人正常生活的；

（6）偷窥、偷拍、窃听、散布他人隐私的。

217. 为赌博提供条件违法吗？

赌博现在已经成为了农村的顽疾，但有些村民不参与赌博，只是为赌博提供条件也是违法行为吗？如一些村民利用空闲的房屋为他人提供赌博场地的行为，就违反了《治安管理处罚法》的相关规定。

《治安管理处罚法》第70条规定，以营利为目的，为赌博提供条件的，或者参与赌博赌资较大的，处5日以下拘留或者500元以下罚款；情节严重的，处10日以上15日以下拘留，并处500元以上3000元以下罚款。同时，该法第74条规定，旅馆业、饮食服务业、文化娱乐业、出租汽车业等单位的人员，在公安机关查处吸毒、赌博、卖淫、嫖娼活动时，为违法犯罪行为人通风报信的，处10日以上15日以下拘留。

因此赌博是违法犯罪的行为，为赌博提供条件也是法律所不允许的事情。以上两种行为，经公安机关劝说屡教不改的，可以按照国家规定采取强制性教育措施。

218. 在飞机上不听劝阻使用手机，也会受公安机关的处罚吗？

随着农村的经济发展，农民的生活水平也逐渐富裕起来，一家老小出门旅游也成了农村生活的新风尚。此外信息技术的普及也使得手机走进了千家万户，成了农民朋友联系亲友、沟通交往必不可少的工具。那手机的使用是无限制的吗？答案显然是否定的。

据报道，一名乘客在飞机上不按规定关闭手机，在劝阻无效后，被某国际机场警方依照《治安管理处罚法》予以处罚，成为该机场处理飞机上使用手机的第一人。

不允许在飞机上使用手机是出于对安全的考虑。因为在飞机上使用手机，会严重干扰飞机的导航系统，危及飞机的航行安全。《治安管理处罚法》第 34 条规定，盗窃、损坏、擅自移动使用中的航空设施，或者强行进入航空器驾驶舱的，处 10 日以上 15 日以下拘留。在使用中的航空器上使用可能影响导航系统正常功能的器具、工具，不听劝阻的，处 5 日以下拘留或者 500 元以下罚款。可见，如果在飞机上不听劝阻使用手机，根据有关法规，也会受到公安机关处罚的。

219. 对传谣或散布引起公众恐慌信息的行为应如何进行处罚？

有下列行为之一的，处 5 日以上 10 日以下拘留，可以并处 500 元以下罚款：情节较轻的，处 5 日以下拘留或者 500 元以下罚款：

（1）散布谣言，谎报险情、疫情、警情或者以其他方法故意扰乱公共秩序的；

（2）投放虚假的爆炸性、毒害性、放射性、腐蚀性物质或者传染病病原体等危险物质扰乱公共秩序的；

（3）扬言实施放火、爆炸、投放危险物质扰乱公共秩序的。

★以案释法

两男子谎称疫情传播违反什么法律

【案情介绍】2013年年中，正直H7N9流行传播的时候，朋友圈及QQ群中出现一则"某县某医院一名大夫传染H7N9病毒死亡"的发言，引起了当地人民群众的恐慌。于是有群众向当地县公安局报案称，有人在QQ群和微信朋友圈中撒播恐慌信息，信息内容为"当地某医院大夫因H7N9死亡！参与急救的大夫已被隔离。而且新闻节目已播出，说有1500只家禽被传染，当地已有多人被感染"。

接到报案后，县公安局高度重视，当即作出周密布置，要求网监科民警尽力侦破此案。民警通过摸排走访和网上侦查，确认传播虚假疫情的是某镇人任某（男，27岁）、侯某（男，34岁）。

【案例分析】后经与卫生部分核实，当地尚未发现H7N9禽流感病例。而有关"某人民医院发现H7N9禽流感病例"属谣言。而任某和侯某的行为属于散布谣言、谎报险情。对此当地县公安局依据《治安管理处罚法》的相关规定，对在网上散布谣言的任某和侯某予以行政拘留10日的处罚。古语有云，流言止于智者。但是在现在网络通信技术发达、网上信息鱼目混珠的今天，只有严厉打击造谣者，才能从源头上有效防止虚假信息的传播，稳定群众的情绪，构建信息良性传递的社会。

220. 对寻衅滋事的行为应如何处罚？

有下列行为之一的，处5日以上10日以下拘留，可以并处500元以下罚款；情节较重的，处10日以上15日以下拘留，可以并处1000元以下罚款：（1）结伙斗殴的；（2）追逐、拦截他人的；（3）强

拿硬要或者任意损毁、占用公私财物的；（4）其他寻衅滋事行为。

221. 对利用封建迷信、会道门进行非法活动应如何处罚？

有下列行为之一的，处10日以上15日以下拘留，可以并处1000元以下罚款；情节较轻的，处5日以上10日以下拘留，可以并处500元以下罚款：

（1）组织、教唆、胁迫、诱骗、煽动他人从事邪教、会道门活动或者利用邪教、会道门、迷信活动，扰乱社会秩序、损害他人身体健康的；

（2）冒用宗教、气功名义进行扰乱社会秩序、损害他人身体健康活动的。

★以案释法

为何宣扬邪教是违法犯罪？

【案情介绍】某年的9月到11月期间，被告人张某等5人先后在某镇附近的几个村租赁房屋，购买计算机、复印机、速印机等设备，设立邪教宣传品印刷点，制作邪教宣传品10余万张。期间的某晚，又于该镇不同地点散发该邪教宣传单。特别是在10月2日凌晨3时许，同伙黄某携带邪教传单600份，胡某携带传单200份，分别来到工人宿舍楼、幼儿园附近的居民区和农户将传单塞进居民、村民的门口缝里。10月5日、7日以及11月2日凌晨，黄某又先后携带传单共计1800份，来到该镇的居民区以及周边村落里，将传单塞入门缝。

【案例评析】邪教对于人类的危害，不仅体现在毒害人的肌体，而且体现在侵蚀人的灵魂。邪教对于社会的危害是多领域、多方面的。特别是对社会秩序稳定的危害，这主要表现在破坏社会治安、蔑视法律、危害公共秩序、毒化社会风气。因此对于邪教的存在，乃至于萌芽，我们也要采取坚决零容忍、零姑息的态度。案例中被告人印发传单宣传邪教的做法，首先触犯了《治安管理处罚法》的相关规定，将会受到相应的行政处罚。并随着的调查的深入，且根据《刑法》及相关司法解释，以上被告人还可能涉及犯罪，其行为必将受到法律的严惩。

222. 乡镇派出所和村治保委员会的职责分别是什么？

（1）派出所应该以事实为依据，法律为准绳为标准，按中华人民共和国制定的各项法律法规，打击违法犯罪，维护社会正常秩序，保护人民群众生命财产安全。

其主要职责是：进行法治宣传教育，指导群众性治安保卫活动；对村民委员会履行消防安全职责的情况和上级公安机关授权管理的单位进行消防监督检查；积极参加和协助进行有关居民福利的工作；对违法行为作出行政处罚，公安派出所可以决定警告、500 元以下的罚款；加强农村治安防范工作，维护乡镇的治安秩序；对公共场所进行治安管理；维护集贸市场的治安秩序；预防和减少刑事案件、治安案件的发生，保护和促进农村的经济发展，保障集体和农民财产的安全，为民排忧解难。

（2）村治保委员会的性质是已根据《村民委员会组织法》第 25 条规定，由村民委员会根据需要而设立的治安保卫委员会。治安保卫委员会是发动群众协助人民政府维护社会治安、同一切刑事犯罪活动作斗争的一个基层群众性治安保卫组织，是村民委员会的一个下属机构。职责一般包括：

①在村委会领导下，建立健全群防群治队伍和治保工作制度。

②在街（镇）综治办和公安派出所的指导下，按照社会治安综合治理责任制的规定，贯彻落实社会治安管理的法规、政策，制定本村庄的防范措施，加强治安防范，控制违法犯罪行为的发生，创建安全文明村庄。

③搞好违法青少年的帮教工作，配合公安派出所做好对劳改释

放人员的监督管理工作。

④“四防”宣传、安全喊话、夜间巡逻做到经常化、制度化，消除居民区火灾隐患。

⑤协助公安派出所搞好对暂住流动人口的登记管理工作。

⑥发生案件后，及时报案，保护现场，协助公安机关侦破。

⑦做好居民纠纷调节工作，防止矛盾激化。

⑧搞好普法宣传教育，使居民懂法、守法。

223. 对虐待家庭成员和遗弃没有生活能力的被抚养人的行为应如何处罚？

有下列行为之一的，处5日以下拘留或者警告：

（1）虐待家庭成员，被虐待人要求处理的；

（2）遗弃没有独立生活能力的被抚养人的。

224. 妨碍文物管理的行为应如何处罚？

《治安管理处罚法》第63条规定，有下列行为之一的，处警告或者200元以下罚款；情节较重的，处5日以上10日以下拘留，并处200元以上500元以下罚款：

（1）刻划、涂污或者以其他方式故意损坏国家保护的文物、名胜古迹的；

（2）违反国家规定，在文物保护单位附近进行爆破、挖掘等活动，危及文物安全的。

第十三章 刑事犯罪的认知

225. 犯罪和年龄有什么关系？

刑事责任年龄有普通刑事责任年龄和特殊刑事责任年龄两种。

（1）普通刑事责任年龄，是指不满16周岁的人犯罪，不予刑事处罚，即不负刑事责任，已满16周岁的人犯罪，应负刑事责任，即应承担刑事处罚责任。

（2）特殊刑事责任年龄，是指有故意杀人、故意伤害致人重伤或者死亡、强奸、抢劫、贩毒、放火、爆炸、投毒等严重刑事犯罪的，刑事责任年龄为已满14周岁不满16周岁。

对于不满18周岁的人刑事责任的承担，刑法在量刑上还规定了：已满14周岁不满18周岁的人犯罪，应当从轻或者减轻处罚；因不满16周岁不予刑事处罚的，责令其家长或者监护人加以管教；但在必要的时候，也可以由政府收容管教。

★以案释法

未成年人抢劫该承担怎样的刑事责任

【案情介绍】被告人王某为在校中学生，某日在村中，以暴力殴打的方式，劫取被害人张某某黑色挎包1个，内有人民币75元、被害人身份证1张及银行卡1张，并致被害人张某某轻微伤。被告人王某于当日被抓获，款、物均已起获发还。后被告人的法定代理人赔偿被害人治疗损失费等人民币2万元，双方达成和解协议。

【案例评析】法院经审理认为，被告人王某行为已构成抢劫罪，但鉴于被告人王某犯罪时未成年，且系初犯，到案后能如实供述自己的犯罪事实，庭审中认罪态度较好；并且其法定代理人已赔偿被害人的经济损失，获得被害人谅解，涉案款、物均已起获发还；被告人王某所在学校愿意接收其回校继续读书，并建立监管组织对其进行监管帮教，其既往表现良好，悔改深刻，具备感化、挽救的基础，故对被告人王某依法减轻处罚，并宣告缓刑。

同时，为了矫正王某的不良习惯，为了有利于对其在缓刑考验期限内的监管帮教，特宣告禁止令。不良习惯如果不加以矫正，以后可能再次引发犯罪。在咨询犯罪心理专家的意见后，法官决定对其适用缓刑的同时，宣告如下两项禁止令：一是禁止在缓刑考验期限内进入夜总会、酒吧、迪厅、网吧等娱乐场所；二是禁止酗酒。

宣判后，法官督促王某书写了戒酒保证书，并组织家长、老师、辩护人、公诉人、社区矫正人员召开了缓刑帮教座谈会。法官还每个月在固定时间接待王某听取其思想汇报。后王某表现良好，未发现酗酒等不良习惯。

226. 法律对拐卖妇女、儿童罪作何规定？

拐卖妇女、儿童是指以出卖为目的，有拐骗、绑架、收买、贩卖、接送、中转妇女、儿童的行为之一的。根据《刑法》第 240 条规定，犯该罪，处 5 年以上 10 年以下有期徒刑，并处罚金；有严重情形的，处 10 年以上有期徒刑或者无期徒刑，并处罚金或者没收财产；情节特别严重的，处死刑，并处没收财产。

227. 抢劫罪有何法律规定？犯抢劫罪的该承担怎样的刑事责任？

抢劫，是指以非法占有为目的，采用暴力、胁迫或者其他方法，强行劫取公私财物的行为。因为它使用暴力、胁迫等手段，具

有严重的社会危害性，所以《刑法》将它列为重罪。

抢劫罪与其他侵犯财产的犯罪相比，有一个显著特点：构成抢劫罪没有数额的限制，只要是以非法占有财物为目的，对被害人实施了暴力、胁迫或者其他方法以排除被害人的反抗，就构成了抢劫罪。

《刑法》第263条规定，以暴力、胁迫或者其他方法抢劫公私财物的，处3年以上10年以下有期徒刑，并处罚金；有本条规定的严重情形的，处10年以上有期徒刑、无期徒刑或者死刑，并处罚金或者没收财产。

228. 盗窃罪有何法律规定？盗窃罪的该承担怎样的刑事责任？

盗窃罪，是指以非法占有为目的，秘密窃取数额较大的公私财物或者多次秘密窃取公私财物的行为。《刑法》规定，盗窃公私财物，数额较大或者多次盗窃的，处3年以下有期徒刑、拘役或者管制，并处或者单处罚金；数额巨大或者有其他严重情节的，处3年以上10年以下有期徒刑，并处罚金；数额特别巨大或者有其他特别严重情节的，处10年以上有期徒刑或者无期徒刑，并处罚金或者没收财产。

此外《刑法》还特别规定，以牟利为目的，盗接他人通信线路、复制他人电信码号或者明知是盗接、复制的电信设备、设施而使用的，依照以上的规定定罪处罚。

229. 虐待家庭成员构成犯罪吗？

虐待家庭成员，是指对共同生活的家庭成员，经常以打骂、冻饿、禁闭、有病不治、强迫过度劳动或限制人身自由、凌辱人格等

方法，从肉体或精神上进行摧残迫害的。以上行为，情节恶劣的就构成虐待罪。

《刑法》第260条规定，虐待家庭成员，情节恶劣的，处2年以下有期徒刑、拘役或管制；情节严重，致使被害人重伤、死亡的，处2年以上7年以下有期徒刑。第260条之一补充规定，对未成年人、老年人、患病的人、残疾人等负有监护、看护职责的人虐待被监护、看护的人，情节恶劣的，处3年以下有期徒刑或者拘役。单位犯前款罪的，对单位判处罚金，并对其直接负责的主管人员和其他直接责任人员，依照前款的规定处罚。

需要注意的是，情节恶劣但不致人重伤或死亡的情形需要告诉才处理，即须由被害人向法院告诉，法院才追究被告人的刑事责任。被害人的近亲属也可以成为告诉的主体。

★以案释法

“毒保姆”事件给我们什么启示

【案情介绍】随着社会年龄结构的变化，现代家庭结构和传统人际关系也随之改变。年轻人的生活、工作压力的加大，而且“4-2-1”家庭结构日渐普遍的情况下，越来越多的老年人面临比较突出的居家养老问题。于是为了解决这个老龄化难题，保姆市场应运而生，住家保姆、钟点工保姆等多种保姆形式得到了许多家庭的认可。但是，保姆也是劳动力市场的体现，其最终的价值体现在其工资水平上。2016年5月，震惊全国和社交媒体的“毒保姆”事件更加引发大家的深思。保姆何某为了提前拿到工资，在老人的食物中下毒、用尼龙绳勒脖子等方式，致使老人在其上岗后的4天内去世。最后该市的中级人民法院判决该保姆死刑立即执行。

【案例分析】在赡养老人问题上，一味谴责保姆和中介行业，未免有失偏颇。因为照料并关心老人，本就是儿女应尽的责任。《老年人权益保障法》的精神主要是要求子女对老人的赡养义务。当然，社会是不容许虐待家庭成员的，而且新修正的《刑法》不仅规定了家人虐待的刑事责任，还新增了监护、看护人员虐待被监护、看护人员的刑事责任。本案中，由于何某的情节不仅恶劣，而且其目的是为了拿到工资想置老人于死地，因此其行为不但符合虐待罪，更符合故意杀人罪。并且其行为的结果已经导致老人的死亡，最终中院以故意杀人罪判处其死刑立即执行。因工作繁忙对老人起居不能日日照顾，将老人日常生活全部托付给保姆，在一定程度上，是子女的失职。尤其是对老人的关心程度不够，更成为"毒保姆"成功实施谋杀的一大诱因。精神的寂寥、经济的拮据，让很多老年人觉得夕阳并不无限好，如何让老人们老有所依、老有所养，是摆在整个社会面前的重大问题。

230. 赌博罪有何法律规定？犯赌博罪的应承担怎样的刑事责任？

赌博罪，是指以赢利为目的，聚众赌博，开设赌场或者以赌博为业的行为。赌博行为危害社会的良好风尚，腐蚀人们的思想，还容易引发其他犯罪，应该予以禁止。

因此《刑法》第303条规定，以营利为目的，聚众赌博或者以赌博为业的，处3年以下有期徒刑、拘役或者管制，并处罚金。开设赌场的，处3年以下有期徒刑、拘役或者管制，并处罚金；情节严重的，处3年以上10年以下有期徒刑，并处罚金。

231. 法律如何规定绑架罪？对该罪如何处罚？

绑架罪，是指以勒索财物为目的绑架他人，或者绑架他人作为人质的行为。《刑法》规定，犯绑架罪的，处10年以上有期徒刑或者无期徒刑，并处罚金或者没收财产；情节较轻的，处5年以上10年以下有期徒刑，并处罚金。如果绑架行为致使被绑架人死亡或者杀害被绑架人的，处死刑，并处没收财产。

此外，法律还特别确定了婴儿作为人的法律地位，即以勒索财物为目的偷盗婴幼儿的，直接按绑架罪定罪量刑。

232. 盗伐林木罪和滥伐林木罪分别是什么？

盗伐林木罪，是指违反我国森林法规定，以非法占有为目的，擅自砍伐国家、集体所有或者他人所有的森林或者其他林木，数量较大的行为。犯本罪的，处3年以下有期徒刑、拘役或者管制，并处或者单处罚金；数量巨大的，处3年以上7年以下有期徒刑，并处罚金；数量特别巨大的，处7年以上有期徒刑，并处罚金。滥伐林木罪，指违反我国森林法的规定，未经有关部门批准并核发采伐许可证的，或者虽有采伐许可证，但是违背采伐许可证所规定的地点、数量、树种、方式而任意采伐本单位所有或者管理的，以及本人自留山上的森林或者其他林木，违反森林法的规定，滥伐森林或者其他林木，数量较大的行为。犯本罪的，处3年以下有期徒刑、拘役或者管制，并处或者单处罚金；数量巨大的，处3年以上7年以下有期徒刑，并处罚金。

★以案释法

到底是盗伐林木罪还是滥伐林木罪

【案情介绍】某乡某村民小组为上缴每人50元的集资修路款，决定出卖本组山场林木。邻乡村民孙某3人闻讯，遂前来商谈买树事宜。与村小组充分协商后，签订买树合同一份，并依约交款7000元。交款后，等积极协助村小组办理申请林木采伐许可证。但许可证尚未办好之时，孙某等人在征得组、村同意后雇人上山砍树。数日后案发，孙某3人被捕。侦查终结后，在性质认定的问题上，出现了意见分歧。一种意见认为，孙某等人涉嫌盗伐林木罪；而另一种意见认为，孙某涉嫌滥发林木罪。之后以盗伐林木罪移送检察机关，检察机关审查后改为滥伐林木罪对其提起公诉。

【案例评析】虽然《刑法》对这两项罪名都有明确的规定，但是两个罪名的界限并不是很明确，法律实务的处理上也存在诸多分歧。因此最高院颁发了《最高人民法院关于审理破坏森林资源刑事案件具体应用法律若干问题的解释》，对此作了明确的划分：

该法第3条规定，以非法占有为目的，具有下列情形之一，数量较大的，依照《刑法》第345条第1款的规定，以盗伐林木罪定罪处罚：（1）擅自砍伐国家、集体、他人所有或者他人承包经营管理的森林或者其他林木的；（2）擅自砍伐本单位或者本人承包经营管理的森林或者其他林木的；（3）在林木采伐许可证规定的地点以外采伐国家、集体、他人所有或者他人承包经营管理的森林或者其他林木的。

第5条规定，违反森林法的规定，具有下列情形之一，数量较大的，依照《刑法》第345条第2款的规定，以滥伐林木罪定罪处罚：（1）未经林业行政主管部门及法律规定的其他主管部门批准并核发林木采伐许可证，或者虽持有林木采伐许可证，但违反林木采伐许可证规定的时间、数量、树种或者方式，任意采伐本单位所有或者本人所有的森林或者其他林木的；（2）超过林木采伐许可证规定的数量采伐他人所有的森林或者其他林木的。

林木权属争议一方在林木权属确权之前，擅自砍伐森林或者其他林木，数量较大的，以滥伐林木罪论处。

第十四章 农村常见纠纷

233. 相邻不动产之间的通行问题如何处理？

村民赵某的住宅与村民刘某的住宅相邻。赵某因修房，需要搬运材料，而刘某家门前是赵某从家到外界的必经之路，赵某从刘某家门前经过，刘某加以阻拦。

根据《物权法》第 87 条的规定，不动产权利人对相邻权利人因通行等必须利用其土地的，应当提供必要的便利。同时根据《物权法》第 88 条的规定，不动产权利人因建造、修缮建筑物以及铺设电线、电缆、水管、暖气和燃气管线等必须利用相邻土地、建筑物的，该土地、建筑物的权利人应当提供必要的便利。

因此，刘某无权阻拦赵某从自己家门前经过。

234. 相邻不动产、垃圾废物如何处理？

村民小刘的住宅与村民老李的住宅相邻。小刘总把自己家的生活垃圾堆到老李家门前，导致老李家夏天蚊蝇成群。

根据《物权法》第 90 条的规定，不动产权利人不得违反国家规定弃置固体废物，排放大气污染物、水污染物、噪声、光、电磁波辐射等有害物质。因此，老李有权要求小刘将垃圾清走。

235. 相邻的不动产之间约定了地役权发生纠纷该如何处理？

农民刘某从村委会手中承包了临近海边的一块土地建造“农家乐”。该地前边有另一村民李某的宅基地，双方协议约定：李某在 30 年内不得在该处兴建高于“农家乐”的建筑，为此刘某每年向李某支付一定数额金钱作为补偿。数年后李某转为城市户口，村委会收回土地后分配给钱某，李某和村委会都未向钱某提及其与刘某之间的协议约定。钱某取得该宅基地后建起了高于刘某“农家乐”的住宅。刘某得知这一情况后，要求钱某立即停止兴建，遭到拒绝后便向法院提起诉讼，请求法院确认钱某的行为无效，并要求赔偿损失。

我国现行《物权法》明确规定了地役权制度，肯定了其用益物权性质。《物权法》第158条规定，地役权自地役权合同生效时设立。当事人要求登记的，可以向登记机构申请地役权登记；未经登记，不得对抗善意第三人。根据该条规定，该权利不需要进行登记即可设立，但不登记不能对抗善意第三人。刘某与李某之间设立的约定是有效的，地役权于合同生效时即已设立，但是由于并未进行登记，因此不得对抗善意的钱某。刘某无权要求钱某停止兴建，只能要求李某承担相应的责任。

236. 财产贱卖为躲债，债权人该怎么办？

村民王某从村民张某处借了10万元钱，并且写了借条。临近还款日期，王某为逃避债务，以明显不合理的价格转让自己的财产，如将自己新买的价值2万元的52寸液晶电视以3000元的价格转让给小吴，将自己新买的价值5000元的手提电脑以1000元的价格转让给老周，等等。

根据《合同法》第74条的规定，债务人以明显不合理的低价转让财产，对债权人造成损害，并且受让人知道该情形的，债权人可以请求人民法院撤销债务人的行为。法律规定撤销权的行使时限为1年且仅能通过诉讼的程序实现。因此，张某可以在1年内通过诉讼方式行使撤销权，使王某恶意转移财产的行为归于无效。

237. 无偿照顾别人饲养的动物后有何法律后果？

一农户邓某在路边发现一头猪无人看管，左右寻找也没发现主

人就把猪带回家。邓某四处打听没发现有人丢猪，就将这头猪和自己的猪放在一起饲养。后来猪配了种，生下来小猪。又过了一阵，邻村何某找到他，说猪是自己的，要求领回。但邓认为母猪可以领走，但小猪应当归自己。因为这是自己精心照料才使猪怀上小猪。但是何某认为自己的母猪生下小猪，应当归自己所有。

邓某照料猪的行为构成无因管理。根据《民法通则》第93条规定，没有法定或者约定的义务，为避免他人利益受损失进行管理或者服务的，构成无因管理。因此，邓某为他人照料丢失的猪的行为构成无因管理。作为无因管理人，其有权要求受益人偿付因此而支付的必要费用。 但邓某某要求日后产下的小猪归自己所有的主张不能成立。因为小猪在性质上属于天然孳息，天然孳息在与原物分离之前是原物的一部分，与原物分离之后它的所有权也应当随原物的所有权归属。所以邓某的主张不能成立，但何某必须向邓某支付照料猪所支出的饲料费以及其他管理费用。

238. 动产已交付，孳息该归谁？

村民夏某将自己的一头牛卖给了村民宋某，不久，这头牛生出了一头小牛犊。夏某闻讯后，向宋某索要牛犊，并称自己只将牛卖给了宋某，而并没有将牛生的牛犊一同卖给宋某。

根据《物权法》第116条第1款的规定，天然孳息，由所有权人取得。本案中，牛犊属于牛产生的孳息，牛的所有权已经由夏某转移给宋某，宋某取得了牛的所有权，故牛的孳息（牛犊）应当归宋某所有。

239. 欠款到期不还，债权人该怎么办？

村民陈某从村民孙某处借了2万元钱，并且写了借条。孙某对陈某的债权已到期，陈某却不还款。后孙某得知，陈某对郑某享有2万元的债权，而陈某却迟迟不行使对郑某的债权。

根据《合同法》第73条的规定，因债务人怠于行使其到期债权，对债权人造成损害的，债权人可以向人民法院请求以自己的名义代位行使债务人的债权，但该债权专属于债务人自身的除外。代位权的行使范围以债权人的债权为限。债权人行使代位权的必要费用，由债务人负担。

因此，孙某可以行使代位权，以自己的名义向法院提起诉讼，以期行使陈某对郑某的2万元的债权。

240. 留置权是什么？如何行使留置权？

留置权，是指当债务人逾期不履行债务时，合法占有债务人财产的债权人有权扣留物品并享有就该物品的优先受偿权。

村民老梁请村民老郭为自己修理电视机，并约定修理费用为100元。电视机修好了，而老梁却不给老郭修理费。

根据《物权法》第230条的规定，债务人不履行到期债务，债权人可以留置已经合法占有的债务人的动产，并有权就该动产优先受偿。本案中，老梁若到规定期限仍不给老郭修理费，老郭可以拒绝将修理好的电视机给老梁，行使留置权，并有权就该电视机优先受偿。

241. 什么是共同侵权？共同侵权行为责任如何分担？

共同侵权行为是指加害人为二人或二人以上共同侵害他人合法民事权益造成损害，加害人应当承担连带责任的侵权行为。村民大李、大刘、小邓三人爬到一棵树上，从上面往下扔石头。三人同时扔，恰巧砸到了过路的小常，使小常受伤，但无法确定究竟是谁扔的石头砸中了小常。

根据《侵权责任法》第10条的规定，二人以上实施危及他人人身、财产安全的行为，其中一人或者数人的行为造成他人损害，能够确定具体侵权人的，由侵权人承担责任，不能确定具体侵权人的，

行为人承担连带责任。本案中，大李、大刘、小邓共同实施了危及他人人身、财产安全的行为，构成共同侵权行为，但无法确定具体侵权人，故三人应当对小常的损害结果承担连带赔偿责任。

242. 灌溉季节上游截流，下游怎么办？

上庄、下庄两个村子分别在一条河的上游和下游。上庄为了灌溉，便将河水截流，引入本村农田，使下游的下庄灌溉用水严重不足。

根据《物权法》第 86 条的规定，不动产权利人应当为相邻权利人用水、排水提供必要的便利。对自然流水的利用，应当在不动产的相邻权利人之间合理分配。对自然流水的排放，应当尊重自然流向。本案中，上庄村的行为不合法。在相邻权中，自然流水的利用，应合理分配，上庄村在利用河水灌溉的同时，也不应妨碍下庄村利用河水灌溉的权利。

243. 试用买卖期满，买受人未表示是否购买标的物，是否视为同意购买？

齐某有一匹马。齐某与梁某约定，由梁某先试用一个月，试用后看满意与否再决定购买与否。试用期满，梁某既未表示购买，也未表示不购买。

根据《合同法》第 171 条的规定，试用期间届满，买受人对是否购买标的物未作表示的，视为购买。本案中，梁某既未表示购买此马，也未表示不购买此马，应当视为同意购买。

244. 什么是第三人的善意取得？善意取得后原财产所有者的损失该由谁承担？

村民郝某和村民叶某共有一台拖拉机。一日，郝某在叶某不知情的情况下，擅自将拖拉机卖给了徐某，徐某不知郝某无权处分，以合理的价格购买了拖拉机。

善意取得又称为即时取得，无权处分人将其财物（动产或者不动产）转让给第三人，如受让人在取得该财物时系出于善意，则受让人取得该物的所有权，原权利人丧失所有权。但原权利人有权向无处分权人请求赔偿损失。根据最高人民法院《关于贯彻执行〈中华人民共和国民法通则〉若干问题的意见（试行）》第89条的规定，第三人善意、有偿取得该财产的，应当维护第三人的合法权益。本案中，叶某不能向徐某主张要回拖拉机，因为徐某是善意取得。叶某的损失应由郝某承担。

245. 订婚彩礼在什么情况下予以退还？

2013年5月，原告张某某与被告赵某经邵某介绍相识。2013年7月13日，通过证人邵某，原告给付被告现金40000元及首饰四件作为订婚的彩礼。后原告又向被告送了两箱酒、两条烟、两盒茶叶和几袋糖。后原、被告未能登记结婚，被告也未将上述彩礼退还。为此，原告诉至法院。法院在审理过程中，被告当庭将首饰四件退还原告。

这是一起典型的婚约财产纠纷案件。原告与被告经人介绍认识，原告按照当地风俗习惯给予被告彩礼，但原告与被告之后未能登记结婚。关于此种情况如何处理，根据《最高人民法院关于适用〈中华人民共和国婚姻法〉若干问题的解释（二）》第10条规定，当事人请求返还按照习俗给付的彩礼的，如果查明属于以下情形，人民法院应当予以支持：（1）双方未办理结婚登记手续的；（2）男女双方实际取得或者应当取得的住房补贴、住房公积金；（3）男女双方实际取得或者应当取得的养老保险金、破产安置补偿费。彩礼虽具有赠与的外观，但法律后果与普通的赠与却大相径庭。被告关于原告给予其彩礼的行为为赠与行为的抗辩，法院不予支持。

246. 调解农村常见矛盾纠纷的方法有哪些？

针对农村不同类型、不同特点的常见矛盾纠纷，采取不同的调解方法，可以有效提高了调解成功率，现就具体做法总结如下：

一是对婚姻纠纷，采用“冷却待机调解法”。即先冷却处置，待双方气消趋于理智后，再选择时机调解。

二是对人身伤害赔偿纠纷，采用“求同存异调解法”。此类纠纷核心问题在于赔偿，调解时着眼于化解主要矛盾，不纠缠细枝末节，在不违反法律禁止性规定和当事人自愿原则的前提下积极调解，促使双方互谅互让，达成协议。

三是对赡养、抚养等家庭纠纷，采用“亲情感化调解法”。针对家庭成员间的纠纷，调解时侧重于传统美德教育，使当事人重新认识亲情的可贵和树立尊老爱幼的观念，以便真正解决问题。

四是对经济纠纷，采用“判例参照调解法”。对于经济纠纷，调解之前，可将类似的调解或判决案例提供给当事人，供其参考，使当事人了解该类案件的处理原则及处理结果。

五是对界址、引水、通行等相邻关系纠纷，采用“现场听证调解法”。这类纠纷往往当事人各执一词，情况千差万别，调解时应到现场勘察了解，邀请有关专业人员和村干部、邻居和当事人的亲朋好友参加，由当事人陈述理由，出示证据，大家共同评判是非，作出合理的结论，最后再说服有过错的一方，促成纠纷的调解。

六是对重大复杂矛盾纠纷，采用“相关部门联动调解法”。重大复杂的矛盾纠纷，涉及面广、情况复杂，单凭调委会或某一部门，往往难以奏效，可以协调所涉及到的有关部门，互相配合，分工协作，共同解决问题。

第十五章　安全常识

247. 家庭防火常识主要有哪些？

（1）教育儿童不玩火、不随意摆弄电器设备，尽量不让小孩独自在家。

（2）不可将烟蒂、火柴杆等火种随意扔在废纸篓内或可燃杂物上，不要躺在床上或沙发上吸烟。

（3）不私接乱拉电线，不超负荷用电，不要在插座上过多使用用电设备，电线老化应及时更换。

（4）5 级以上大风天或高火险等级天气，禁止室外吸烟和明火作业。

（5）离家或入睡前，必须将用电器具断电、关闭燃气开关、消除遗留火种。用电设备长期不使用时，应切断开关或拔下插销。

（6）液化气钢瓶与炉具间要保持 1 米以上安全距离，使用时，先开气阀再点火；使用完毕，先关气阀再关炉具开关。不要随意倾倒液化石油气残液。发现燃气泄漏，要迅速关闭气源阀门，打开门窗通风，切勿触动电器开关和使用明火，不要在燃气泄漏场所拨打电话、手机。

（7）发现火情后迅速拨打火警电话 119，讲明详细地址、起火部位、着火物质、火势大小、留下姓名及电话号码，并派人到路口迎候消防车。

（8）家中一旦起火，必须保持冷静。对初起火灾，应迅速清理起火点附近可燃物，并迅速利用被褥、水及其他简易灭火器材控制和扑救。救火时不要贸然打开门窗，以免空气对流，加速火势蔓延。

（9）油锅起火不能用水扑救，应先关闭炉灶阀门，然后盖上锅盖或用大块湿抹布覆盖，还可向锅内放入切好的蔬菜，冷却灭火。

（10）家用电器或电气线路起火，首先要切断电源，再用灭火器灭火，不可带电直接泼水灭火，以防触电或电器爆炸伤人。

（11）农村水源匮乏地区，平时要利用盆、缸等工具储水，以备应急时使用。

（12）家庭中宜配备家用灭火器。常见的手提式干粉灭火器使用方法：占据上风方向，拔去灭火器保险销，手握喷嘴，对准火焰根部，将灭火器上部手柄压下，左右扫射，快速推进，直至火焰熄灭。

（13）要掌握火场逃生的基本方法，清楚住宅周围环境，熟悉逃生路线。大火来临时要迅速逃生，不可贪恋财物，以免失去逃生时机。逃生途中，不要携带重物，逃离火场后，不要冒险返回火场。

（14）火场逃生时，保持冷静，正确估计火势。如火势不大，应当机立断，披上浸湿的衣物、被褥等向安全出口方向逃离。逃生时不可乘坐电梯。逃生时应随手关闭身后房门，防止烟气尾随进入。

（15）身上起火，不要乱跑，可就地打滚或用厚重衣物压灭火苗。穿过浓烟逃生时，用湿毛巾、手帕等捂住口鼻，尽量使身体贴近地面，弯腰或匍匐前进。

248. 农村居民如何防盗？

（1）机动车辆防盗办法。尽量停放在有人看管的停车点；暂时停车熄火，应拔下钥匙并加锁；停在无人看管处，锁要结实；在家中无人时要用链子锁锁上，防止被坏人搬走；晚上停放在家中要加锁，不要放松警惕；不要轻易将车借人，防止不可靠人偷配钥匙，然后偷车。

（2）农村住房防盗办法。不要在家中存放大量财物，重要的财物存入银行；有条件的农户住房窗户要安装防盗网；白天外出家中无人时托邻居照看并妥善保管好家中财物；有条件的农户可以轮流外出赶集；特殊时期（春节、农忙和红白喜事）要提高警惕，提防乘虚而入盗窃。

（3）牲畜防盗办法。有条件的农户可将鸡、鸭等禽类入栏上锁，牲畜集中圈的要上锁；无人在家时要托人看管；晚上提高警觉，对于异常的声音要查看。

（4）外出防盗办法。尽可能少带大量现金，最好用银行卡。现金和贵重物品不要放在裤子后口袋和上衣口袋内。在上下车时，要特别留意你周边的人是否故意挤你。多人旅行时，最好轮流休息。在购物、乘车时要注意防扒。逛街购物时，要看好随身携带的钱包和财物，购衣试穿时，要将随身携带的背包交由同伴保管，切忌随意丢放或悬挂于试衣间而忘记取出。要防范可疑人：如与你故意找话的人，详细询问你行程的人，深夜下车或不到站提前下车的人，深夜不睡觉乱窜的人，有空座位不坐故意与你挤在一起的人。

249. 如何防止上当受骗？

（1）增强自我保护意识，丰富社会经验，提高警惕性。

（2）不断的告诫自己，天上没有掉馅饼的好事情。

（3）凡事三思而后行，要听其言、观其色、辨其行。

（4）不要随便与他人搭讪，勿轻信他人的花言巧语。

（5）通过网络、书籍、电视等媒体，更清楚地认识各种骗术。

250. 如何才能正确使用紧急呼救电话？

为了您的生命和财产安全，要牢记以下紧急电话：

110 报警电话：发现刑事、治安案件以及危及公共与人身财产安全和扰乱公众正常工作、学习与生活秩序的案件时，应及时拨打110 报警电话。（1）发现斗殴、盗窃、抢劫、强奸、杀人等刑事、

治安案件时，应立即报警。若情况紧急，无法及时报警，则应在制服犯罪嫌疑人或脱离险情后，迅速报警。（2）发现溺水、坠楼、自杀，老人、儿童或智障人员、精神病患者走失，公众遇到危难孤立无援，水、电、气、热等公共设施出现险情，均可拨打110报警。（3）报警时请讲清楚案发的时间、方位，您的姓名及联系方式等。如对案发地不熟悉，可提供现场附近具有明显标志的建筑物、大型场所、公交车站、单位名称等。

119火警报警电话：发现火情应及时拨打119火警报警电话。（1）拨打119时，必须准确报出失火方位。如果不知道失火的地点名称，应尽可能说清楚周围明显的标志，如建筑物等。（2）尽量讲清楚起火的部位、着火物资、火势大小、是否有人被困等情况，同时应派人在主要路口等待消防车。（3）在消防车到达现场前应设法扑灭初起火灾，以免火势扩大蔓延。扑救时需注意自身安全。

122交通事故报警电话：发生交通事故或交通纠纷时可拨打122或110报警电话。（1）拨打122或110时，必须准确报出事故发生的地点及人员、车辆伤损情况。（2）双方认为可以自行解决的事故，应把车辆移至不妨碍交通的地点协商处理；其他事故，需变动现场的，必须标明事故现场位置，把车辆移至不妨碍交通的地点，等候交通警察处理。（3）遇到交通事故逃逸车辆，应记住肇事车辆的车牌号，如未看清肇事车辆车牌号，应记下肇事车辆车型、颜色等主要特征。（4）交通事故造成人员伤亡时，应立即拨打120急救求助电话，同时不要破坏现场和随意移动伤员。（5）找交通警察处理交通事故是最好的解决办法、在交通警察到达现场前，应注意保护现场。

120医疗急救求助电话：需要急救服务时，可拨打120急救求助电话。（1）拨通电话后，应说清楚病人所在的方位、年龄、性别和病情。如不知道确切的地址，应说明大致的方位，如在哪条大街、哪个方向等。（2）尽可能说明病人典型的发病表现，如胸痛、意识不清、呕血、呕吐不止、呼吸困难等。（3）尽可能说明病人患病或受伤的时间，如意外伤害，要说明伤害的性质，如触电、爆炸、塌方、溺水、火灾、中毒、交通事故等，并报告受害人受伤的部位和情况。（4）尽可能说明您的特殊需要，了解清楚救护车到达的大致时间，准备接车。

注意：110、119、122、120都免收电话费，投币、磁卡等公用电话均可直接拨打。

251. 用电安全有哪些需要注意的事项？

（1）用电不能超负荷。

（2）应在无腐蚀性气体、无爆炸危险品的位置安装"漏电保护器"，并定期进行完好性和灵敏性检验。

（3）电源线、配电线、开关、插头、插座、灯头等设施配件应保持良好状态，对老化的、有裂缝和破损的设施配件应及时更换；电源线不得拖放在地面，以防损坏绝缘层。

（4）接地线不得接在水管、煤气管和电话线上，也不得接在避雷线的引下线上。

（5）使用电炒锅时，应用木柄或塑料柄锅铲；使用电熨斗时，不得与功率较大的电器同时使用一个插座，以防线路超载引起火灾；

（6）使用电吹风、电流梳等电器时，用后立即拔掉电源插头，以免遗忘而引起事故；

（7）使用电热毯、电热鞋等接触人体的电器时，应先通电试验检查，确无漏电才能接触人体；

（8）除电热毯外，不能把带电的电器引上床，也不能靠近睡眠状态中的人体，使用电热毯时，不能整夜通电，发热后即应断电，以保安全；

（9）不能用汽油、酒精、肥皂水、去污粉等有腐蚀性或导电的液体擦抹电器表面，不能用湿手、湿布擦抹带电的开关、插座和灯头等。

252. 燃气安全使用需要注意哪些事项？

现在越来越多农村家庭使用上天然气或者煤气，如何安全使用燃气要注意以下几点：

（1）燃气器具选购：

①天然气用户应选购天然气器具，液化石油气用户应选购液化石油气器具，二者不能混用。

②选购燃气灶具或燃气热水器时，应查验产品是否具有合格证。

③为确保安全，用户最好选用带熄火保护装置的燃气灶具。

（2）燃气器具使用：

①使用燃气器具前，必须熟读产品说明书，并熟练掌握操作程序。

②燃气灶具使用前，应检查火孔盖、支架等活动部分位置是否正确。

③使用燃气时，必须保持通风并有人照看。

④家用燃气灶具从出售之日起算，使用年限为 6 至 8 年，对超过使用年限和破损的燃气灶具应及时更换。